Kohlhammer

Wie vererbe ich mein Unternehmen richtig?

Ein Praxisratgeber für Familienunternehmer und Familienunternehmen

von
RA/StB Dr. Andreas Wagenseil, Dipl.-Kfm.
StB Dr. Michael Tippelhofer, Dipl.-Kfm.

Verlag W. Kohlhammer

1. Auflage 2026

Alle Rechte vorbehalten
© W. Kohlhammer GmbH, Stuttgart
Gesamtherstellung: W. Kohlhammer GmbH, Heßbrühlst. 69, 70565 Stuttgart
produktsicherheit@kohlhammer.de

Print:
ISBN 978-3-17-046238-0

E-Book-Formate:
pdf: ISBN 978-3-17-046239-7
epub: ISBN 978-3-17-0462403-4

Inhalt

Vorwort

Das vorliegende Werk richtet sich als **Praxisratgeber** vornehmlich an **Unternehmerinnen und Unternehmer** sowie an die weiteren **Entscheidungsträger** in mittelständischen Familienunternehmen. Dementsprechend wird nicht die ausführliche Darstellung komplexer Meinungsstreitigkeiten in der Fachliteratur und die Herleitung dogmatischer Grundprinzipien im Vordergrund dieses Ratgebers stehen. Vielmehr soll sich der Leser mithilfe dieses Bandes einen **ersten Überblick** über die **maßgeblichen Aspekte und Problemstellungen** der Unternehmensnachfolge verschaffen können. Dieser Ansatz umfasst sowohl die **rechtlichen** als auch die **steuerlichen Aspekte** und soll so einen **interdisziplinären, ganzheitlichen Wegweiser**, durch die in vielerlei Hinsicht komplexe Materie der Unternehmensnachfolge und Nachfolgeplanung, bieten.

Um möglichst zielgenau und übersichtlich diese Themen darstellen zu können, **fokussiert** sich dieses Werk ausschließlich auf die Übertragung eines Unternehmens durch **Erwerb von Todes wegen** für die in der Praxis relevanten Rechtsformen. Die **unentgeltliche Übertragung** zu Lebzeiten, wie auch der **Verkauf** des Unternehmens sind **nicht Gegenstand** der vorliegenden Darstellung.

Dieser Ratgeber stellt ausdrücklich **keine Formelsammlung** dar. Die **beispielhaft** aufgenommenen Klauseln und Regelungen dienen allein zur Illustration. Sie ersetzen keinesfalls eine **fachlich fundierte Beratung** durch die entsprechenden Berufsträger (Notare, Rechtsanwälte, Steuerberater). Daher werden z. B. **etwaige formale Erfordernisse**, wie die notarielle Beurkundung, nicht berücksichtigt. Eine **unmittelbare Übernahme** der fraglichen Klauseln ohne entsprechende anwaltliche Beratung ist **nicht empfehlenswert**.

Zur besseren Lesbarkeit und Verständlichkeit dieses Buches wurde auf die explizite Verwendung von männlichen und weiblichen Personenbezeichnungen verzichtet. Alle verwendeten Begriffe gelten gleichermaßen für beide Geschlechter und schließen auch diverse Geschlechtsidentitäten ein.

München, November 2025
Dr. Andreas Wagenseil
Dr. Michael Tippelhofer

Abkürzungsverzeichnis

aA	anderer Ansicht
ABl.	Amtsblatt
Abs.	Absatz
abzgl.	abzüglich
aE	am Ende
aF	alte Fassung
AfA	Absetzung für Abnutzung
AG	Aktiengesellschaft/Amtsgericht
AGBGB	Gesetz zur Ausführung des Bürgerlichen Gesetzbuches
AktG	Aktiengesetz
Anh.	Anhang
Anm.	Anmerkung
AO	Abgabenordnung
Art.	Artikel
AStG	Außensteuergesetz
Aufl.	Auflage
ausf.	Ausführlich
Az.	Aktenzeichen
BAG	Bundesarbeitsgericht
BayObLG	Bayerisches Oberstes Landesgericht
BayObLGZ	Sammlung der Entscheidungen des Bayerisches Oberstes Landesgerichts
BB	Betriebsberater (Zeitschrift)
Bearb.	Bearbeiter
BeckOK	Beck'scher Onlinekommentar
Beil.	Beilage
BeurkG	Beurkundungsgesetz
BewG	Bewertungsgesetz
BFH	Bundesfinanzhof
BFH/NV	Sammlung amtlich nicht veröffentlichter Entscheidungen des Bundesfinanzhofs

BGB	Bürgerliches Gesetzbuch
BGBl. I / II	Bundesgesetzblatt I/II
BGH	Bundesgerichtshof
BGHZ	Sammlung der Entscheidungen des Bundesgerichtshofes in Zivilsachen
BMF	Bundesministerium der Finanzen
BR-Drucks.	Bundesratsdrucksache
BStBl. I / II	Bundessteuerblatt I/II
BT	Bundestag
BT-Drucks.	Bundestagsdrucksache
BVerfG	Bundesverfassungsgericht
bzw.	beziehungsweise
DB	Der Betrieb (Zeitschrift)
DStR	Deutsches Steuerrecht (Zeitschrift)
EBIT	Earnings before interest and taxes
EBITDA	Earnings before interest, tax, deprecation and amortization
EFG	Entscheidungen des Finanzgerichts
EG	Europäische Gemeinschaft
EGBGB	Einführungsgesetz zum Bürgerlichen Gesetzbuch
Einf.	Einführung
ErbStG	Erbschaft- und Schenkungssteuergesetz
ErbStH	Erbschaftsteuer-Hinweise
ErbStR	Erbschaftsteuer-Richtlinien
EStG	Einkommensteuergesetz
EuErbVO	Verordnung (EU) über die Zuständigkeit, das anzuwendende Recht, die Anerkennung und Vollstreckung von Entscheidungen und die Annahme und Vollstreckung öffentlicher Urkunden in Erbsachen sowie zur Einführung eines europäischen Nachlasszeugnisses (Erbrechts-VO)
EUR	Euro
eV	eingetragener Verein
evtl.	eventuell
f., ff.	folgend(e), fortfolgend(e)
FamRZ	Zeitschrift für das gesamte Familienrecht
FG	Finanzgericht
FGG	Gesetz über die freiwillige Gerichtsbarkeit
FormB	Formularbuch

GBO	Gewerbeordnung
GbR	Gesellschaft bürgerlichen Rechts
gem.	gemäß
GesR	Gesellschaftsrecht
ggf.	gegebenenfalls
GmbH	Gesellschaft mit beschränkter Haftung
GmbHG	Gesetz betreffend die Gesellschaft mit beschränkter Haftung
GrEStG	Grunderwerbsteuergesetz
HGB	Handelsgesetzbuch
hM	herrschende Meinung
idR	in der Regel
IDW	Institut der Wirtschaftsprüfer
insbes.	insbesondere
InsO	Insolvenzordnung
iSd	im Sinne des/der
iVm	in Verbindung mit
iSv	im Sinne von
KG	Kommanditgesellschaft
KGaA	Kommanditgesellschaft auf Aktien
KMU	Kleine und mittlere Unternehmen
krit.	Kritisch
KStG	Körperschaftsteuergesetz
LuF	Land- und Fortwirtschaft
max.	maximal
mE	meines Erachtens
mind.	mindestens
Mio.	Million
MoPeG	Gesetz zur Modernisierung des Personengesellschaftsrechts (MoPeG)
mwN	mit weiteren Nennungen
nF	neue Fassung
NJW	Neue Juristische Wochenschrift
Nr.	Nummer
NWB	Neue Wirtschaftsbriefe (Zeitschrift)
NZG	Neue Zeitschrift für Gesellschaftsrecht
OHG	Offene Handelsgesellschaft

OLG	Oberlandesgericht
RG	Reichsgericht
RGZ	Sammlung der Entscheidungen des Reichsgerichts in Zivilsachen
Rn.	Randnummer
Rspr.	Rechtsprechung
S.	Seite
s.	siehe
sog.	sogenannte(n)
StBg.	Die Steuerberatung (Zeitschrift)
SteuerR	Steuerrecht
Teilbd.	Teilband
Tz.	Textziffer
UG	Unternehmergesellschaft
USt.	Umsatzsteuer
UStG	Umsatzsteuergesetz
uU	unter Umständen
v. a.	vor allem
VO	Verordnung
Vorb.	Vorbemerkung
vs.	versus
ZErb	Zeitschrift für die Steuer- und Erbrechtspraxis
Ziff.	Ziffer
zzgl.	Zuzüglich

I. Nachfolgeplanung als unternehmerische Aufgabe

1. Fortführung des Unternehmens als Hauptziel

Neben all den **zahllosen Herausforderungen**, die das Leben als Unternehmer tagtäglich mit sich bringt, erscheint die Planung der Unternehmensnachfolge oftmals weniger dringlich und wird daher gerne auf die lange Bank geschoben. Dies folgt regelmäßig auch aus dem Umstand, dass der Unternehmer sich dabei nicht nur mit dem Ende seiner unternehmerischen Tätigkeit, sondern auch mit den dahinterstehenden Gründen, sei es Alter, Krankheit oder Tod auseinandersetzen muss. Diese Konfrontation mit der **eigenen Vergänglichkeit** ist in den seltensten Fällen angenehm. Und dennoch ist dies für den verantwortungsvollen Unternehmer **absolut unerlässlich**.

Denn was die unternehmerische Nachfolgeplanung von der rein privaten unterscheidet, ist der **Kreis der (potentiell) Betroffenen**. Die unternehmerische Nachfolgeplanung wirkt sich nicht nur auf die eigenen Angehörigen aus. Vielmehr hat sie vielfältige Konsequenzen für die wirtschaftliche Zukunft der Mitarbeiter und ihrer Familien, der Lieferanten und der sonstigen Geschäftspartner. So manches mittelständische Unternehmen bildet das **wirtschaftliche Rückgrat** seiner Heimatgemeinde bzw. -region. Eine **misslungene Übertragung** des Unternehmens kann damit das Leben vieler Menschen sowohl unmittelbar als auch mittelbar stark beeinträchtigen. Daher ist die **Sicherstellung** einer gelungenen Unternehmensnachfolge zwingender **Ausdruck der unternehmerischen Verantwortung**, nicht nur gegenüber der eigenen Familie, sondern auch gegenüber der betroffenen Belegschaft und im Zweifel der gesamten Region.

# 2.	Mögliche Zielkonflikte

Dreh- und Angelpunkt sämtlicher Planung und Überlegungen dürfte regelmäßig das Ziel sein, die Existenz des Unternehmens **generationenübergreifend** zu sichern. Denn nur ein funktionierendes Unternehmen kann als Grundlage für die **wirtschaftliche Versorgung der Familie** dienen. Zugleich aber kann die Sicherung der Unternehmenskontinuität in **Konflikt** zu sonstigen Zielen und Vorstellungen stehen.

## a)	Bewahrung bewährter Strukturen vs. Flexibilität

Oftmals geht der Wunsch des Unternehmers dahin, **Struktur und Ausrichtung** des Unternehmens so weit als irgend möglich zu **konservieren**. Zu diesem Zweck kann zum Beispiel (idealiter bereits zu Lebzeiten des Unternehmers) eine **Stiftungslösung** für das Unternehmen angestrebt werden. Auch über die Einsetzung eines **Testamentsvollstreckers** wird oftmals versucht, den Willen und die Vorstellung des Erblassers noch nach dessen Tod durchzusetzen (vgl. V.1.).

Diese Zielsetzung ist sehr gut nachvollziehbar. Es sollte allerdings in den diesbezüglichen Erwägungen nicht außer Acht gelassen werden, dass jedes **Unternehmen** ein **lebendiger**, sich oftmals **dynamisch** weiter entwickelnder **Organismus** ist. Je statischer eine Unternehmensstruktur ausfällt, desto anfälliger ist diese bei den regelmäßig zu erwartenden **Änderungen** im wirtschaftlichen Umfeld. Insofern sollte hier stets der **Ausgleich** zwischen **Beibehaltung bewährter Strukturen** und **Offenheit** gegenüber zukünftigen Entwicklungen gesucht werden.

## b)	Wahl der Nachfolger – Qualifikation vs. Emotion

Ganz maßgeblich dafür, wie ein Unternehmen geführt wird, ist selbstverständlich dessen **Geschäftsleitung**. Für den Unternehmer stellt sich hier in erster Linie die Frage, ob die gewünschte Kontinuität durch eine Besetzung der Unternehmensführung mit **Familienmitgliedern** erreicht werden kann. Regelmäßig kommen zu den rein **unternehmerischen Überlegungen** hier weitere (**familiäre, emotionale**) **Aspekte** hinzu. Diese **Gemengelage** verschiedener Motive erschwert oftmals eine klare Entscheidungsfindung. Die **realistische Einschätzung** der unternehmerischen Fähigkeiten einzelner Familienmitglieder, namentlich der Abkömmlinge, ist oftmals sehr schwer, zugleich aber auch entscheidend für den Erfolg der Unternehmensnachfolge (zur **Auswahl des Erben/Nachfolgers** vgl. III.1.e)).

Regelmäßig werden hier die Weichen schon **lange vor** dem geplanten Zeitpunkt der **Unternehmensübertragung** gestellt. Wie gut der potentielle Nachfolger/die potentielle Nachfolgerin zur **Geschäftsleitung geeignet** ist, entscheidet sich oftmals in den **Jahren** oder **sogar Jahrzehnten** vor der Übertragung.

Sollte aus Sicht des übertragenden Unternehmers eine **Fremdgeschäftsführung** die optimale Lösung darstellen, müssen auch hier – gegebenenfalls bereits zu Lebzeiten des Unternehmers – entsprechende **strategische Überlegungen** und ggf. daraus folgende **strukturelle Maßnahmen** getroffen werden.

c) Sicherung des Familienfriedens vs. Optimierung der Übertragung

Je nach Größe und Struktur der Familie sind neben den Interessen des (aktuellen) Ehegatten und der im Hausverband lebenden Kinder gegebenenfalls auch weitere Beteiligte zu berücksichtigen. Gerade bei den heutzutage infolge Scheidung und Wiederverheiratung oftmals entstehenden **Patchwork-Familien** muss der Unternehmer die (eventuell divergierenden) Interessen **unterschiedlicher Familienstämme** beachten und einen adäquaten Ausgleich finden.

Im Rahmen der Unternehmensnachfolge muss dabei insbesondere bedacht werden, dass hier **nicht einfach aufteilbare Vermögensgegenstände** an verschiedene Familienmitglieder übertragen werden können. Das **Unternehmen als organische Einheit** erfordert vielmehr – gerade auch aus steuerlichen Gründen (vgl. VII.) – eine **koordinierte Gesamtübertragung**.

Problematisch können hier insbesondere auch erbrechtliche **Pflichtteilsansprüche** der Angehörigen sein (vgl. IV.).

II. Welche rechtlichen Aspekte müssen bei der Nachfolgeplanung beachtet werden?

1. Einleitung

Wer plant, sein Unternehmen im Erbfall zu übertragen, bewegt sich zwangsläufig im **Schnittbereich** verschiedenster Rechtsgebiete. In diesem trifft das **Erbrecht** mit seinen allgemeinen zivilrechtlichen Vorgaben zum einen auf das **Gesellschaftsrecht**, welches je nach Rechtsform des Unternehmens spezifische Regelungen bereithält, und zum anderen auf das **Steuerrecht**, dessen Anforderungen insbesondere für einen steueroptimierten Übertragungsakt zwingend Beachtung finden müssen. Daneben spielt regelmäßig auch das **Familienrecht**, gerade bei verheirateten Unternehmern, eine nicht zu unterschätzende Rolle.

Diese in verschiedenen Gesetzen geregelten Aspekte müssen für eine gelungene Unternehmensübertragung jeweils angemessen berücksichtigt, **zum Ausgleich gebracht** und aufeinander abgestimmt werden.

2. Welches Erbrecht gilt?

Verstirbt der Erblasser im **Ausland**, hat der Erblasser (auch) eine **ausländische Staatsbürgerschaft** oder ist **Vermögen des Erblassers im Ausland** belegen, so muss immer geprüft werden, **welches Recht** für die Abwicklung der Erbschaft anwendbar ist.

Innerhalb Europas gilt in allen EU-Mitgliedstaaten, mit Ausnahme Irlands und Dänemarks, die **Europäische Erbrechtsverordnung** (*„Eu-*

ErbVO"). Nach dieser kann jeder Deutsche in **seinem Testament festlegen**, dass deutsches Recht für seinen Erbfall gelten soll. Fehlt eine solche Rechtswahl, gilt in Europa grundsätzlich das **Recht des Staates**, in dem der Verstorbene zum **Zeitpunkt des Todes** seinen **gewöhnlichen Aufenthalt** hatte.

Praxishinweis:
Es ist regelmäßig empfehlenswert, im **Testament** oder Erbvertrag das **anwendbare (Erb-)Recht** ausdrücklich festzulegen.

---

3. Welche Konsequenzen hat das gesetzliche Erb- und Familienrecht für die Unternehmensnachfolge?

a) Was geschieht, wenn der Erblasser weder ein Testament noch einen Erbvertrag hinterlassen hat?

aa) Wer wird nach den gesetzlichen Regelungen Erbe?

Sollte der Erblasser **kein Testament** (sog. *„letztwillige Verfügung"* gem. § 1937 BGB) und auch **keinen Erbvertrag** (§ 1941 Abs. 1 BGB) hinterlassen haben, greift die **gesetzliche Erbfolge** (§§ 1924 ff. BGB).

Bei dieser wird hinsichtlich der Erbenstellung in erster Linie nach dem **Grad der Verwandtschaft** differenziert.

Abkömmlinge des Erblassers (also dessen Kinder und Kindeskinder) sind sog. *„Erben erster Ordnung"* (§ 1924 BGB).

Sonstige Verwandte werden entsprechend ihres Näheverhältnisses zum Erblasser gestaffelt von den gesetzlichen *„Erben zweiter Ordnung"* bis zu den gesetzlichen *„Erben vierter Ordnung"* (§§ 1925 ff. BGB).

Daneben wird auch der Ehegatte (§ 1931 BGB) bzw. der eingetragene Lebenspartner (§ 10 LPartG) grundsätzlich gesetzlicher Erbe. Die Höhe des Erbteils des Ehegattens ist dabei vom ehelichen Güterstand abhängig (dazu sogleich unter Ziffer 3. b).

Wenn **keiner** der vorgenannten Personen als Erbe zu ermitteln ist, erbt an letzter Stelle der **Staat** (§ 1936 BGB).

bb)   Was wird von Gesetzes wegen vererbt?

Allgemeiner erbrechtlicher Grundsatz der gesetzlichen Erbfolge ist die **Gesamtrechtsnachfolge**, auch als *„Universalsukzession"* bezeichnet (§ 1922 Abs. 1 BGB). Danach geht grundsätzlich das **gesamte Vermögen** des Erblassers (der *„Nachlass"*) als Ganzes auf den oder die Erben über. Der Nachlass umfasst dabei **alle vererblichen Güter und Rechtspositionen**.

Dazu zählen (als **Aktiva**):

* sämtliches zivilrechtliches Eigentum des Erblassers und
* alle vertraglichen Ansprüche des Erblassers

sowie (als **Passiva**):

* alle vertraglichen Verpflichtungen und
* sämtliche Verbindlichkeiten – die sog. *„Erblasserschulden"*.

Hinzu kommen die *„Erbfallschulden"*:

* Bestattungskosten,
* Kosten der Grabstelle sowie
* Kosten des Nachlassgerichts (Testamentseröffnung, Erbschein).

Alle weiteren **nach dem Erbfall** entstehenden **Verbindlichkeiten** in Bezug auf den Nachlass bzw. die Nachlassgegenstände treffen den/die **Erben** als **eigene Verbindlichkeiten**.

cc)   Wie entsteht eine Erbengemeinschaft?

Gibt es **mehrere Erben**, bilden diese zwangsläufig eine *„Erbengemeinschaft"* (§ 2032 Abs. 1 BGB) in Form einer sog. *„Gesamthandsgemein-*

schaft." Dies bedeutet, dass der **gesamte Nachlass** gemeinschaftliches Vermögen der Erben bildet, über das diese **nur gemeinschaftlich** verfügen können (sog. *„gesamthänderische Bindung"*). Ein **einzelner** Erbe kann **nicht** über einen **einzelnen Nachlassgegenstand** verfügen (§ 2033 Abs. 2 BGB), sondern nur über **seinen Anteil** an der Erbengemeinschaft im Ganzen (§ 2033 Abs. 1 BGB).

Die Erben **verwalten** den Nachlass **gemeinschaftlich**, d.h. grundsätzlich müssen alle Erben gemeinschaftlich sämtliche (Alltags-)Entscheidungen über den so gebundenen Nachlass treffen (§ 2038 BGB).

Grundsätzlich ist die Erbengemeinschaft auf ihre **Auseinandersetzung** ausgerichtet – zu den Ausnahmen (**Teilungsverbot**) vgl. III.1.c). Erst **nach** der wirksamen **Auseinandersetzung** der Erbengemeinschaft kann der **einzelne Erbe** über einen einzelnen Nachlassgegenstand allein verfügen (§ 2042 Abs. 1 BGB).

b) Wie beeinflusst der eheliche Güterstand die gesetzliche Erbfolge?

aa) Was ist die Zugewinngemeinschaft?

Wird zwischen den Ehegatten nichts Abweichendes (z.B. durch einen **Ehevertrag** vgl. II.3.b)) vereinbart, wird durch Gesetz die *„Zugewinngemeinschaft"* als **gesetzlicher Güterstand** festgelegt (§ 1363 Abs. 1 BGB). Danach verwaltet jeder Ehegatte sein **eigenes Vermögen**. Auch das Vermögen, das er während der Ehe erwirbt, gehört **ihm weiterhin allein**. Wird die Ehe jedoch durch Scheidung oder Todesfall **beendet**, bzw. ein **neuer Güterstand** durch Ehevertrag begründet, kann es zu einem **Zugewinnausgleich** zwischen den Ehegatten kommen. Der Ehepartner, der während der Ehe **mehr Vermögen** erworben hat, muss dann einen Teil an den anderen Ehepartner abgeben.

Zugewinngemeinschaft bedeutet daher

- Gütertrennung während der Ehe und
- Ausgleich des Zugewinns nach Auflösung der Ehe (durch Scheidung oder Tod) oder durch Abschluss eines Ehevertrags.

Erbrechtlich führt das Bestehen der Zugewinngemeinschaft im Todesfall zu einer **pauschalen Erhöhung** des gesetzlichen Erbteils des überlebenden Ehegatten um ein Viertel, unabhängig davon, ob tatsächlich ein Zugewinn erzielt wurde (§ 1371 Abs. 1, 1931 Abs. 3 BGB). Diese Erhöhung soll den überlebenden Ehegatten schützen, indem sie die Notwendigkeit eines konkreten Zugewinnausgleichs vermeidet und ihm ein **besseres Erbrecht** sichert.

Allerdings kann der überlebende Ehegatte auf diese **pauschale Erhöhung** seines Erbteils auch **verzichten**, indem er seine Erbschaft ausschlägt und neben dem tatsächlichen Zugewinnausgleich zusätzlich seinen **Pflichtteil** (1/2 des gesetzlichen Erbteils) geltend macht (§ 1371 Abs. 3 BGB).

Der gesetzliche Güterstand ist jedoch gerade im **unternehmerischen** Bereich **nicht unproblematisch**.

Zum einen gilt es zu beachten, dass bei der Zugewinngemeinschaft zwar jeder Ehegatte grundsätzlich zivilrechtlicher Eigentümer seines Vermögens bleibt, er jedoch gewissen Einschränkungen unterworfen ist. So bedarf z.B. der Ehegatte der **Zustimmung des anderen Ehegatten**, wenn er sich verpflichten will, über sein **Vermögen als Ganzes** zu verfügen oder eine solche Verpflichtung erfüllen will (§ 1365 BGB).

Zudem birgt die **Beendigung der Zugewinngemeinschaft** bei einer Unternehmerehe ein erhebliches **wirtschaftliches Risiko**. Denn das **Unternehmensvermögen**, welches während der Ehe gebildet wurde, kann im **Scheidungsfall** – sofern dies nicht anderweitig vorab geregelt wurde – in den **Zugewinnausgleich miteinbezogen** werden. Dies kann die wirtschaftliche Stabilität und v.a. die Liquiditätslage des Unternehmens erheblich gefährden. Um dies zu vermeiden, wird bei Familienunternehmern regelmäßig ein **Ehevertrag** abgeschlossen. In diesem wird die Zugewinngemeinschaft entweder „modifiziert" oder durch einen anderen Güterstand, nämlich der **Gütertrennung** (dazu sogleich), ersetzt.

→ Beim *„modifizierten Zugewinnausgleich"* werden nur **einzelne Vermögenswerte** (z.b. das Unternehmens-/Betriebsvermögen, Geschäftsanteile und/oder Immobilien) von einer etwaigen **Zugewinnberechnung ausgenommen.** Ein solcher Ehevertrag erfordert insbesondere eine klare Regelung zum **Umfang des ausgleichsfreien Vermögens.** Hier ist neben der gesetzlich zwingenden Hinzuziehung eines **Notars** (§ 1410 BGB) regelmäßig auch die Unterstützung eines entsprechend qualifizierten **Steuerberaters** dringend zu empfehlen.

bb)   Was ist die Gütertrennung?

Vereinbaren die Eheleute mittels notariellen Ehevertrags die **Gütertrennung** (§ 1414 BGB), erfolgt eine **vollständige Trennung** des Vermögens beider Ehepartner, **ohne** dass es nach dem Ende der Ehe zu einem etwaigen **Zugewinnausgleich** kommt. Jeder Ehepartner behält das, was er bzw. sie bereits vor der Ehe erworben hatte, und auch das, was er bzw. sie während der Ehe erwirbt, als **eigenes Vermögen.** Die Eheleute können ihr Vermögen **unabhängig voneinander verwalten** und – im Gegensatz zur Zugewinngemeinschaft – ohne Einschränkungen frei darüber verfügen.

Im Erbfall erbt der überlebende Ehegatte neben einem oder zwei Kindern zu gleichen Teilen (§ 1931 Abs. 4 BGB), neben den Eltern und Geschwistern des Erblassers ½ (§ 1931 Abs. 1 Satz 1 BGB).

Gütertrennung bedeutet daher

- Nach Abschluss eines notariell beurkundeten Ehevertrages
- Dauerhafte Trennung der Vermögenssphären der Ehegatten.
- Kein Ausgleich bei Beendigung der Ehe.

Überlebender Ehegatte erbt neben gemeinsamen Kindern ¼.

Teilweise wird die Gütertrennung aus **steuerlichen Motiven** vereinbart (sog. *„Güterstandsschaukel"*). Durch den Wechsel des Güterstandes lässt sich so Vermögen zwischen den Ehepartnern verschieben – etwa durch die Auflösung der Zugewinngemeinschaft und den Vollzug des Zugewinnausgleichs. Inwiefern solche Vereinbarungen *„pflichtteilsfest"* (vgl. IV.1.) sind, ist im Einzelfall aber umstritten.

cc) Was ist die Gütergemeinschaft?

Als dritten Güterstand findet man im BGB die sog. *„Gütergemeinschaft"*. Auch diese kann nur mittels **notariellen Ehevertrags** zwischen den Ehegatten vereinbart werden (§ 1415 BGB). In der Gütergemeinschaft werden das in die Ehe eingebrachte und das während der Ehe erworbene Vermögen in der Regel zu **gemeinsamem Vermögen** der Eheleute (sog. *„Gesamtgut"*, § 1416 BGB). Neben dem Gesamtgut existieren **vier weitere Vermögensmassen**, nämlich das Sondergut beider Ehegatten und das Vorbehaltsgut beider Ehegatten.

Bei einer **Scheidung** wird das **Gesamtgut**, also das gesamte gemeinsame Vermögen der Ehegatten, zwischen diesen **aufgeteilt**. Dabei spielt es, im Unterschied zur Zugewinngemeinschaft (s.o.), keine Rolle, ob dieses vor oder nach der Eheschließung erwirtschaftet wurde. Das Gesamtgut der Ehegatten muss bei Beendigung der Gütergemeinschaft (z. B. Scheidung), im Rahmen einer **Abwicklungsgemeinschaft** weiterhin gemeinschaftlich verwaltet werden.

Im **Erbfall** gilt als **Erbmasse** nicht nur das **Sonder- und Vorbehaltsgut**, sondern auch die **Hälfte des Gesamtgutes**. Entscheidend für die Aufteilung dieser Erbmasse sind die Anzahl der Erben und deren Erbquote. Der überlebende Ehegatte erbt neben gemeinsamen Kindern ¼, neben den Eltern und Geschwistern des Erblassers ½ (§ 1931 Abs. 1 Satz 1 BGB).

Bei der besonderen Form der **fortgesetzten Gütergemeinschaft** erbt er hingegen gar nichts. Hier gibt es **keinen Nachlass**. Es treten die gemeinschaftlichen Kinder in den Gesamtgutanteil des verstorbenen Ehegatten ein, der allerdings vom überlebenden Ehegatten verwaltet wird (sog. *„Witwenherrschaft"*).

Gütergemeinschaft bedeutet daher

- Nach Abschluss eines notariell beurkundeten Ehevertrages
- Begründung von gemeinsamem Vermögen der Ehegatten während der Ehe (Gesamtgut), daneben Sondergut und Vorbehaltsgut des jeweiligen Ehegattens.

Bei Beendigung der Ehe erbt der überlebende Ehegatte neben gemeinsamen Kindern ¼ oder gar nichts, wenn die Gütergemeinschaft mit den gemeinschaftlichen Kindern fortgesetzt wird (sog. *„fortgesetzte Gütergemeinschaft"*).

Schon aus dieser umfangreichen Differenzierung wird klar, dass der Güterstand der Gütergemeinschaft **überaus kompliziert** ist und daher in der Praxis vielfältige Probleme mit sich bringt. Daher ist die Begründung einer Gütergemeinschaft in aller Regel **nicht empfehlenswert** und sollte sehr gut überlegt werden. Der Güterstand der Gütergemeinschaft spielt dementsprechend in der Praxis **keine große Rolle** (mehr).

dd)   Sind ausländische Güterstände möglich?

Neben den drei durch das BGB geregelten Güterständen kann bei einer Ehe jedoch auch ein anderer, nach **nichtdeutschem Recht** definierter Güterstand zur Anwendung kommen.

In der EU sind am **29.1.2019** zwei EU-Verordnungen (**EuGüVO** und **EuPartVO**) in Kraft getreten, die regeln, welches Recht zur Bestimmung des Güterrechts in der Ehe bzw. Partnerschaft anzuwenden ist. Neben Deutschland gelten diese Verordnungen aktuell in **18 Mitgliedstaaten** der Europäischen Union. Danach können die Eheleute das anwendbare **Recht selbst wählen** (Art. 20 ff. EuGüVO). Sie können dabei zwischen dem Recht der Staaten wählen, in dem beide oder ein Ehegatte seinen gewöhnlichen Aufenthalt hat oder von dem beide oder ein Ehegatte die Staatsangehörigkeit besitzt (Art. 22 EuGüVO).

Gerichte in anderen Staaten werden diese Frage – wie bisher – nach den Regeln ihres **eigenen Internationalen Privatrechts** beurteilen. Ebenso bestimmt sich für alle Länder, auch die genannten, das für güterrechtliche Fragen relevante Recht für **Ehen und Partnerschaften**, die **vor dem 29.1.2019** geschlossen wurden, nach den Regeln des nationalen Privatrechts.

Bei einer Verlagerung des familiären Lebensmittelpunktes sollten daher die daraus folgenden **güterrechtlichen Konsequenzen** stets beachtet werden. Eine ausdrückliche, ehevertragliche Regelung zum Güterstand zwischen den Ehepartnern ist regelmäßig empfehlenswert.

4. Was muss ein Einzelunternehmer bei der Nachfolgeplanung beachten?

a) Was versteht man unter einem Einzelunternehmen?

Betreibt eine **natürliche Person** ein **Handelsgewerbe**, ohne weitere rechtliche Schritte zu ergreifen, so ist diese **Einzelunternehmer.**

Ist für den Betrieb des Einzelunternehmens ein sog. *„kaufmännischer Geschäftsbetrieb"* erforderlich, so muss dieser ins Handelsregister eingetragen werden, sog. *„Ist-Kaufmann"* (§ 29 HGB). Bei einem Jahresumsatz von mehr als Euro 250.000 ist dies regelmäßig der Fall.

Ist der Unternehmer eigentlich **nicht verpflichtet**, sich ins Handelsregister einzutragen, so kann er dies dennoch tun (sog. *„Kann-Kaufmann"*, § 2 HGB). Nach der Eintragung in das Handelsregister führt der Unternehmer in seiner **Firma** (also seinem Unternehmensname) den Zusatz „**e. K.**" (= *„eingetragener Kaufmann"*).

Rechtlich **haftet** der Einzelunternehmer für **sämtliche Verbindlichkeiten**, die er im Rahmen seines Handelsgewerbes begründet, persönlich, unmittelbar und unbeschränkt. Der Unternehmer ist **selbst steuerpflichtig**, er zahlt **Einkommensteuer** und – ab einem Freibetrag i.H.v. EUR 24.500,00 (§ 11 Abs. 1 Nr. 1 GewStG) – auch **Gewerbesteuer.**

b) Was geschieht mit dem Einzelunternehmen im Erbfall?

Da ein einzelkaufmännisches Unternehmen **keine eigene Rechtspersönlichkeit** hat, kann dieses **nicht gesondert** übertragen werden. Anders ist dies z. B. beim Anteil an einer **GmbH** (vgl. II.6.a)).

Daher wird das Einzelunternehmen, gleichgültig, ob es im Handelsregister eingetragen ist oder nicht, zwingend als **Teil des Nachlasses** im Wege der **Gesamtrechtsnachfolge** vererbt (§ 1922 BGB). Das Einzelunternehmen (genauer gesagt dessen Wirtschaftsgüter) wird damit **eigenes Vermögen des Alleinerben** oder bei **mehreren Erben** Bestandteil des Gesamthandsvermögens der **Erbengemeinschaft.**

Betreiben die Erben **als Erbengemeinschaft** das Unternehmen nach dem Erbgang einfach **weiter,** so ist anerkannt, dass eine ungeteilte Erbengemeinschaft ein **geerbtes Einzelunternehmen** unter der alten Firma mit oder ohne Nachfolgezusatz **fortführen** kann (§ 22 HGB). Dies stellt eine **Ausnahme** zu den allgemeinen Regeln dar. Denn das HGB schreibt **normalerweise** für Fälle, in denen mehrere Personen ein Unternehmen gemeinsam betreiben, die **OHG** oder die **KG** als zwingende Rechtsform vor.

Empfehlenswert ist die **Fortführung des Unternehmens durch die Erbengemeinschaft** als Dauerlösung im Hinblick auf die Probleme der Rechtsfähigkeit, der Handlungsfähigkeit und v. a. auch der Haftung der Miterben jedoch in aller Regel **nicht.** Denn die **Firmenfortführung** hat nach § 27 Abs. 1 HGB die **unbeschränkte Haftung** des Fortführenden für die Geschäftsverbindlichkeiten zur Folge. Damit tritt eine **erweiterte handelsrechtliche Haftung** neben die allgemeine (auf den Nachlass beschränkte) **Erbenhaftung** (§ 1967 Abs. 1 BGB). Diese erweiterte Haftung kann der Erbe nur vermeiden, wenn er die Fortführung des ererbten Handelsgeschäfts innerhalb von **drei Monaten nach Kenntniserlangung** vom Anfall der Erbschaft einstellt (§ 27 Abs. 2 HGB).

Da bei einem Einzelunternehmen naturgemäß kein Gesellschaftsvertrag bestehen kann, müssen diese Aspekte im **Unternehmertestament** selbst adressiert werden (vgl. III.1.).

5. Was muss der Gesellschafter einer Personengesellschaft (GbR, OHG, KG) bei der Nachfolgeplanung beachten?

a) Was unterscheidet die Personengesellschaft von der Kapitalgesellschaft?

Wie im Weiteren gezeigt wird, unterscheiden sich die rechtlichen Anforderungen für Nachfolgeregelungen bei **Kapitalgesellschaften** und **Personengesellschaften** grundlegend.

GmbH und AG als Kapitalgesellschaften ermöglichen eine weitestgehenden **Beschränkung der wirtschaftlichen Haftung** der Gesellschafter. Zudem erlauben sie als jeweils steuerlich eigenständige Körperschaften eine **Thesaurierung** der erzielten Unternehmensgewinne. Dies ist bei den üblichen Personenhandelsgesellschaften (OHG und KG) nicht möglich, da diese steuerlich – obwohl rein zivilrechtlich mit eigener Rechtsfähigkeit ausgestattet – als transparent behandelt werden, sodass im Zuge der sog. *einheitlichen und gesonderten Gewinnfeststellung* (§§ 179, 180 AO) stets der **individuelle Steuersatz** des jeweiligen Gesellschafters zur Anwendung kommt. Der gesetzgeberische Versuch, Gesellschaftern einer **Personengesellschaft** ebenfalls die **Möglichkeit zur steuerlichen Thesaurierung** einzuräumen (§ 34a EStG) ist in der Praxis mit so vielen Voraussetzungen und Fußangeln verbunden, dass diese Option nur selten genutzt wird.

Nichtsdestotrotz gibt es weiterhin **gute Gründe** für die Nutzung von Personengesellschaften. Darüber hinaus bietet die **GmbH & Co. KG** als gesellschaftsrechtliche **Mischform** die Möglichkeit, Vorteile der Kapitalgesellschaft (insbesondere die beschränkte Haftung) mit denen der Personengesellschaft zu verbinden. Rechtlich und steuerlich wird die Kommanditgesellschaft dabei, auch wenn eine GmbH deren Komplementärin darstellt, weitgehend wie eine „normale" Personengesellschaft behandelt. Einzig relevante Ausnahme ist hier der § 15 Abs. 3 Nr. 2 EStG, der die Frage regelt, inwiefern eine GmbH & Co. KG als sog. *„gewerblich geprägte Personengesellschaft"* unabhängig von ihrer konkreten Tätigkeit gewerbliche Einkünfte generiert.

Das Recht der Personengesellschaft erfuhr **größere Änderungen** durch das **Gesetz zur Modernisierung des Personengesellschaftsrechts** vom 10.8.2021 (BGBl. I 2021, 3436ff), im Folgenden als *„MoPeG"* bezeichnet. Dieses trat, zum **1.1.2024** in Kraft. Im Folgenden werden die durch das MoPeG **geänderten Normen** durch den **Zusatz „n.F."** („neue Fassung"), die ursprünglichen mit dem Zusatz *„a.F."* ("alte Fassung") gekennzeichnet.

Zu beachten ist bei der folgenden Darstellung, dass die **Normen des BGB** zur **Gesellschaft bürgerlichen Rechts (*„GbR"*)** quasi das **Fundament** für **sämtliche Personengesellschaften** bilden. Dies gilt auch dann, wenn diese im HGB **gesonderte Regelungen** erhalten, wie dies bei der OHG und der KG der Fall ist.

b) Was geschieht beim Tod eines Gesellschafters mit seinem Anteil an der Personengesellschaft?

aa) Fortsetzung der Gesellschaft als neuer gesetzlicher Regelfall

Vor Inkrafttreten des MoPeG wurde die Personengesellschaft durch den Tod eines unbeschränkt haftenden Gesellschafters von Gesetzes wegen **aufgelöst**. Dies war für die **GbR** ausdrücklich **gesetzlich geregelt** (§ 727 Abs. 1 BGB a.F.) und fand als **allgemeines Rechtsprinzip** auch für die sonstigen Personengesellschaften Anwendung. Es sei denn, der Gesellschaftsvertrag enthielt in Form einer sog. *„Fortsetzungsklausel"* eine abweichende Regel. Diese in der Praxis sehr übliche vertragliche Regelung, wonach die Gesellschaft mit den übrigen Gesellschaftern ohne den/die Erben fortgesetzt wird, wurde durch das MoPeG seit dem 1.1.2024 zum **gesetzlichen Regelfall** für sämtliche Personengesellschaften (§ 130 Abs. 1 Nr. 1 HGB n.F., § 161 Abs. 2 HGB n.F.). Bei der **GbR** gilt diese Neuregelung allerdings **nur** für die im Gesellschaftsregister eingetragene und damit **rechtsfähige GbR** (§ 723 Abs. 1 Nr. 1 BGB n.F.). Bei der nicht im Gesellschaftsregister eingetragenen und damit auch **nicht rechtsfähigen GbR** bleibt es dagegen bei der **bisherigen Rechtslage** (§ 740a Abs. 1 Nr. 3 BGB). Die nichtrechtsfähige GbR wird aufgrund ihrer Sonderstellung und der voraussichtlich begrenzten Relevanz als unternehmerisch tätige Gesellschaftsform in der folgenden Darstellung **weitestgehend ausgeklammert.**

bb) Abfindungsansprüche und deren Ausschluss

Sofern **abweichende Regelungen** im Gesellschaftsvertrag fehlen, erwerben die Erben nach neuer Gesetzeslage mit dem Tod eines Gesellschafters einen **Anspruch auf Abfindung** (für die GbR: § 728 Abs. 1, S. 1 BGB, für die OHG: § 135 Abs. 1 HGB, bei der KG: § 135 Abs. 1 iVm § 161 HGB). Dieser **Abfindungsanspruch** muss *„angemessen"* sein, d.h. ein **vollwertiges Äquivalent** für den durch das Ausscheiden aus der Gesellschaft bedingten Verlust der Mitgliedschaft. Dieser bemisst sich – entgegen der bisherigen Rechtslage – nach dem *„wahren"* (bzw. „wirklichen") **Wert** des Gesellschaftsanteils und wird im Regelfall indirekt aus dem Unternehmenswert abgeleitet. Für den **Abfindungsanspruch** nach BGB haften auch die übrigen Gesellschafter **unbeschränkt persönlich** (§ 728 Abs. 1 S. 1 Alt. 2 iVm. § 721 BGB).

Im **Gesellschaftsvertrag** können die Abfindungsansprüche abweichend vom Gesetz geregelt, d.h. **eingeschränkt** werden. So kann im Gesellschaftsvertrag bestimmt werden, dass die Abfindung z.B. "im Kapitalerhaltungsinteresse" **zum Buchwert** zu erfolgen hat, auch falls stille Reserven vorhanden sind. Diese Regelung hat **keine Auswirkungen** auf die **Einkommensteuersituation** der betroffenen Gesellschafter. Die verbleibenden Gesellschafter müssen in diesem Fall die **Buchwerte** ihres Kapitalkontos **unverändert** fortführen. Gehen etwaige stille Reserven über, hat dies **keine** ertragsteuerlichen **Gewinnauswirkungen**.

Ein **Abfindungsausschluss** soll hingegen nur im Ausnahmefall zulässig sein. Der BGH legt bei der **Wirksamkeitskontrolle** von Abfindungsklauseln (§ **138 BGB**) im Zeitpunkt des Vertragsschlusses ein zweistufiges Prüfprogramm zugrunde: Damit ist **Sittenwidrigkeit** dann anzunehmen, wenn der Abfindungsbetrag **vollkommen außer**

Verhältnis zur Beschränkung steht, die erforderlich ist, um im Interesse der verbleibenden Gesellschafter den **Fortbestand** und die Fortführung **des Unternehmens** zu sichern. Gerade bei **Familiengesellschaften** ist eine solche Klausel durchaus üblich. Sofern der Abfindungsausschluss auf **privaten, familiären Erwägungen** beruht, liegt eine **unentgeltliche Übertragung** des Mitunternehmeranteils auf den Todesfall vor.

Eine solche Regelung kann zudem, soweit sie als **Schenkung** eingestuft wird, **Pflichtteilsansprüche der Erben** (§ 2325 BGB) auslösen (vgl. IV.2.c)).

cc)   Ausdrückliche Auflösungsklausel

Soll der Tod eines Gesellschafters zur Auflösung der Gesellschaft führen, muss nun eine **ausdrückliche Auflösungsklausel** in den Gesellschaftsvertrag aufgenommen werden.

Weiterhin zum **Erlöschen der Personengesellschaft** ohne Liquidation führt das **Ausscheiden des vorletzten Gesellschafters** aus einer **zweigliedrigen** (d.h. aus zwei Gesellschaftern bestehenden) Gesellschaft (§ 712a BGB). Denn auch nach den gesetzlichen Änderungen durch das MoPeG muss eine Personengesellschaft **mindestens zwei** Gesellschafter umfassen. Inwiefern diese Regelung auch für das **Ausscheiden des einzigen Komplementärs** aus einer KG zur Anwendung kommt, hat der Gesetzgeber **ausdrücklich offengelassen** und der Rechtsprechung zur Klärung überlassen. Für die kautelarjuristische Praxis bedeutet dies, dass die Rechtsfolgen eines solchen Ausscheidens **weiterhin vertraglich** geregelt werden sollten.

c)   Kann der Gesellschaftsanteil vererbt werden?

Wird im Gesellschaftsvertrag die **Fortsetzung der Gesellschaft mit den Erben** des verstorbenen Gesellschafters festgelegt, so erwirbt nach der aktuellen Gesetzeslage **jeder Miterbe** im Wege der **Einzelrechtsnachfolge** einen seiner Erbquote entsprechenden **Bruchteil** am vererbten Gesellschaftsanteil (§ 711 Abs. 2 S. 2 und 3 BGB n.F.). Diese Regelung wird auf die **OHG** (§ 105 Abs. 3 HGB) und die **KG** (§§ 161 Abs. 2 iVm. § 105 Abs. 3 HGB) **entsprechend** angewandt.

Die Anwendbarkeit der im Erbrecht ansonsten geltenden Prinzipien der **Universalsukzession** (§ 1922 BGB) und der **Erbengemeinschaft** (§ 2032 BGB) werden dagegen ausdrücklich ausgeschlossen (§ 711 Abs. 2 Satz 3 BGB n.F.). Gehen sonstige Vermögensgegenstände im Erbgang über, wie z. b. ein Haus aber auch ein **GmbH-Anteil** (vgl. II.6.a)), werden sie mit dem Erbfall sog. *„Gesamthandseigentum"*. Dies bedeutet, dass sämtliche Erben **gemeinsame Eigentümer** (nicht nach Bruchteilen/Quoten!) des Nachlassgegenstands werden und damit eine sog. *„Erbengemeinschaft"* bilden. Für die Erben bietet die Erbengemeinschaft die Möglichkeit, ihre **Haftung** auf den Nachlass **zu begrenzen** (§ 2059 Abs. 1 Satz 1 BGB). Diese Option widerspricht klarerweise der in der Personengesellschaft gesetzlich zwingenden **unbeschränkten persönlichen Haftung aller Gesellschafter** (mit Ausnahme der Kommanditisten). Zudem können die Erben in einer Erbengemeinschaft grundsätzlich nur **gemeinsam entscheiden:** Ein regelmäßig **aufwendiger und komplizierter Prozess**, der mit Arbeitsweise und Funktion einer Personengesellschaft **nicht vereinbar** ist.

In der Konsequenz wird damit, sofern ein Personengesellschaftsanteil, der eine unbeschränkte, persönliche Haftung des Gesellschafters vermittelt, im Erbgang übertragen wird, **jeder Erbe** unmittelbar **Gesellschafter**. Dies gilt **nicht** für **Kommanditanteile**, da diese nur eine **beschränkte Haftung** des Gesellschafters (auf die von ihm erbrachte Hafteinlage) vermitteln (§ 177 HGB).

Diese **zwingenden** und nicht abdingbaren **Einschränkungen** der Übertragbarkeit von Gesellschaftsanteilen gehen so den allgemeinen erbrechtlichen Regelungen vor und begründen den sog. *„Vorrang des Gesellschaftsrechts"*.

d) Welche Wahlrechte hat der eintretende Erbe?

Allerdings darf auch **kein Erbe** als neu hinzukommender Gesellschafter ohne sein Zutun gezwungen werden, die Stellung eines **persönlichen haftenden Gesellschafters** einzunehmen.

aa) Wahlmöglichkeit bei GbR und OHG

Daher kann der im Erbgang in eine **OHG** neu hinzukommende Gesellschafter gegenüber den übrigen Gesellschaftern beantragen, dass ihm die Stellung eines **Kommanditisten** (= beschränkt haftender Gesellschafter) eingeräumt und der auf ihn entfallenden Anteil des Erblassers als seine Kommanditeinlage anerkannt wird (§ 131 Abs. 1 HGB n.F.). Dieses **Wahlrecht** des Erben ist für die **OHG** rechtlich **zwingend** und kann auch nicht durch entsprechende, anderslautende Bestimmungen im Gesellschaftsvertrag ausgeschlossen werden. Bei der **GbR** ist diese Wahlmöglichkeit nur für eine in das Handelsregister **eintragungsfähige GbR** gegeben (§ 724 Abs. 1 BGB n.F.). Im Gegensatz zur OHG kann in der **rechtsfähigen GbR** das **Wahlrecht** des Erben als Neugesellschafter **eingeschränkt** oder **ausgeschlossen** werden. Auch kann der **Erblasser** durch Testament oder Erbvertrag das Wahlrecht des Erben für die Mitgliedschaft in der GbR **einschränken**.

Praxishinweis:
Konsequenzen bei Ausschluss des Wahlrechts
Soll das Wahlrecht des Erben in der GbR ausgeschlossen werden, so sollte stets bedacht werden, dass dann dem Erben nur die Möglichkeit verbleibt, seinen Erbteil insgesamt auszuschlagen, will er die unmittelbare persönliche Haftung als GbR-Gesellschafter vermeiden. Ob dies tatsächlich seitens des Verfügenden so gewollt ist, sollte ausführlich geprüft werden.

Stimmen die Gesellschafter dem **Antrag des Erben** auf Umwandlung des Gesellschaftsanteils **zu**, wird die OHG bzw. GbR in eine Kommanditgesellschaft **umgewandelt**. Nehmen die übrigen Gesellschafter den

Antrag des Erben **nicht** an, so kann der Erbe seine **Mitgliedschaft** in der Gesellschaft innerhalb von drei Monaten ab seiner Kenntnis vom Erbfall **fristlos kündigen** (§ 724 Abs. 2 BGB n.F., § 131 Abs. 3 HGB n.F.). In diesem Fall **haftet** er für Verbindlichkeiten der Gesellschaft **nur erbrechtlich**, also mit der Möglichkeit diese Haftung nach §§ 1967, 1975 ff. BGB auf den Nachlass zu **beschränken**. Anderes gilt nur, wenn er die Eintragung seines Ausscheidens verzögert und so eine Rechtsscheinhaftung begründet hat.

bb)   Wahlmöglichkeit in der KG

Soll ein Erbe in die Stellung eines **Komplementärs**, also des unbeschränkt haftenden Gesellschafters, in der KG eintreten, so hat er **ebenfalls** die soeben geschilderte **Wahlmöglichkeit** (§ 131 Abs. 1 iVm. § 161 Abs. 2 HGB).

Praxishinweis:

Haftungsrisiken der Kommanditisten bei Ausscheiden des einzigen Komplementärs

Scheidet durch Ausübung des Wahlrechts der einzige bzw. **letzte Komplementär** einer KG aus der Gesellschaft aus und verbleibt damit nur noch ein Kommanditist, so ordnet das Gesetz auch hier die **Auflösung der Gesellschaft** an (§ 712a Abs. 1 BGB n.F.). Gibt es allerdings **mehrere Kommanditisten**, so entsteht nach der Rechtsprechung eine **Liquidationsgesellschaft**, die im Ergebnis ebenfalls zur Auflösung der Gesellschaft führt.[1] Zu beachten ist jedoch, dass von mehreren Instanzgerichten vertreten wird, dass in diesem Fall die Liquidationsgesellschaft sich in eine **Handelsgesellschaft** (mit entsprechender **persönlicher Haftung** der verbleibenden Gesellschafter) umwandelt, wenn die Gesellschafter die Liquidation „**nicht nachhaltig genug**" betreiben[2] und auch **keinen neuen Komplementär** aufnehmen.

---

1   BGH, Urt. v. 12.11.1952 – II ZR 260/51, BGHZ 8, 35 ff.
2   OLG Rostock, Urt. v. 3.9.2009 – 3 U 271/08, BeckRS 2009, 2761; LG Bonn, Beschl. v. 28.11.2017 – 33 T 944/15, NZG 2018, 1423 (1424, Rn16).

Um diese – nur teilweise nachvollziehbare – Rechtsfolge und die daraus folgenden (ggf. massiven) Haftungsrisiken auszuschließen, sollte der Gesellschaftsvertrag der KG neben einer **Nachfolgeklausel** entsprechende **weitergehende Regelungen** enthalten. Denn auch bei einer Nachfolgeklausel verbleibt das Risiko, dass der nachfolgende Erbe von seinem Wahlrecht gem. § 131 Abs. 1 iVm. § 161 Abs. 2 HGB n.F. Gebrauch macht und eine Stellung als Kommanditist wählt. Möglich wäre insbesondere eine Regelung, nach der beim Wegfall des einzigen Komplementärs

- ein bisheriger Kommandit- in einen Komplementäranteil **umgewandelt** wird oder
- die Gesellschaft insgesamt **als OHG** fortgeführt wird oder
- die verbleibenden Kommanditisten innerhalb eines festen Zeitrahmens einen **neuen Komplementär** aufnehmen bzw. eine **neue Komplementärsgesellschaft** (GmbH) selbst gründen müssen.

e) Was ist eine rechtsgeschäftliche Nachfolgeklausel?

aa) Inhalt der rechtsgeschäftlichen Nachfolgeklausel

Bei der **rechtsgeschäftlichen Nachfolgeklausel** handelt es sich um eine **allgemeine zivilrechtliche Lösung**, die ohne Rückgriff auf das Erb- oder Gesellschaftsrecht auskommt. Denn es wird noch **zu Lebzeiten** des zukünftigen Erblassers ein **mehrseitiger Vertrag** zwischen diesem, dem zukünftigen Gesellschafter (Übernehmer) und den übrigen Mitgesellschaftern geschlossen. In diesem erhält der Übernehmer einen **zivilrechtlichen Anspruch** gegen die übrigen Gesellschafter, nach welchem er beim Tode des verfügenden Gesellschafters in die Gesellschaft aufgenommen wird. Es handelt sich rechtlich um eine **auf den Todesfall aufschiebend bedingte** (§ 158 Abs. 1 BGB) **Abtretung**, d.h. Übertragung des Gesellschaftsanteils (§§ 413, 398 BGB).

bb)   Vor- und Nachteile

Ein großer Nachteil dieser Regelung besteht für den verfügenden Gesellschafter darin, dass er **zukünftig gebunden** ist. Denn er hat (wenn auch auf seinen Tod aufschiebend bedingt) seinen Gesellschaftsanteil **wirksam abgetreten**, so dass er **nicht mehr** über seinen Anteil **frei verfügen** kann (§ 161 Abs. 1 BGB).

Allerdings hat die rechtsgeschäftliche Nachfolgeklausel auch **Vorteile**:

- Der Gesellschaftsanteil fällt bei dieser Gestaltung **nicht** in den **Nachlass**. Bei der Berechnung etwaiger **Pflichtteilsansprüche** der gesetzlichen Erben ist der Gesellschaftsanteil damit nicht relevant. Allerdings sind **Pflichtteilsergänzungsansprüche** möglich (§ 2325 Abs. 1 BGB), vgl. IV.2.b).
- Die Nachfolgeklausel muss **nicht** – anders als z. B. die **erbrechtliche Nachfolgeklausel** (vgl. II.5.g)) – um wirksam zu sein, im **Testament oder Erbvertrag gespiegelt** werden.
- Für die **übrigen Gesellschafter** ist die Person des nachfolgenden Gesellschafters **bereits bekannt** und kann durch den vererbenden Gesellschafter auch **nicht mehr ohne Beteiligung** der übrigen Gesellschafter geändert werden.
- Das Recht zur **Benennung des nachfolgenden Gesellschafters** kann auch einem **Dritten** (z. B. den übrigen Gesellschaftern) – anders als bei der Erbeinsetzung, vgl. III.1.c) – eingeräumt werden.
- Die rechtsgeschäftliche Nachfolgeklausel **durchbricht** die **Bindungswirkung** etwaiger **gemeinschaftlicher Testamente und Erbverträge** des verfügenden Gesellschafters, so dass die **übrigen Gesellschafter** insoweit vor **Überraschungen** weitestgehend **geschützt** sind.
- Der Nachfolger selbst hat bei dieser Gestaltung **kein Wahlrecht nach § 139 HGB** (vgl. II.5.d)aa)). Damit besteht für die verbleibenden Gesellschafter entsprechende **Rechtssicherheit** – der neue Gesellschafter wird als **vollhaftender Gesellschafter** in die Gesellschaft eintreten und es ist **kein Rechtsformwechsel** in eine KG erforderlich.

cc)   Formulierungsbeispiel für eine rechtsgeschäftliche Nachfolgeklausel

Sachverhalt:

Eckhard Ehrmann (E) ist gemeinsam mit Peter Paulsen (P) und Dominik Deuring (D) Gesellschafter der Ehrmann & Paulsen OHG. P und D möchten im Erbfall nicht durch einen neu hinzukommenden Gesellschafter überrascht werden und den Kreis der Gesellschafter überschaubar halten. E einigt sich mit P und D, dass im Erbfall sein Anteil auf seinen Enkel Roger Richards (R), der bereits in der Gesellschaft als Prokurist arbeitet, übergehen soll.

Lösung:

Auszug aus dem Gesellschaftsvertrag der Ehrmann & Paulsen OHG – Formulierungsbeispiel:

„§ 7 Fortsetzung der Gesellschaft; Nachfolge
7.1.   Bei Versterben eines Gesellschafters wird die Gesellschaft unter den übrigen Gesellschaftern fortgesetzt.

7.2.   Bei Versterben des Gesellschafters Eckhard Ehrmann geht dessen Beteiligung an der Gesellschaft unmittelbar auf seinen Enkel Roger Richards, geb. 12.08.1998, über. Der Übergang erfolgt unmittelbar und automatisch mit dem Tod des Gesellschafters, ohne dass es einer weiteren Erklärung bedarf. Herr Roger Richards unterzeichnet diesen Vertrag als zukünftiger Gesellschafter gemeinsam mit allen übrigen Gesellschaftern zur Begründung seiner Anwartschaft auf unmittelbaren Übergang der Beteiligung auf ihn für den Fall des Versterbens von Eckhard Ehrmann kraft Rechtsgeschäfts unter Lebenden; einer gesonderten Erbeinsetzung bedarf es insofern damit nicht.“

dd) Steuerliche Aspekte

Ob eine solche Gestaltung nach dem **Erbschaftsteuergesetz (ErbStG)** steuerpflichtig ist, hängt von der Frage ab, ob eine entgeltliche oder eine unentgeltliche rechtsgeschäftliche Nachfolge vereinbart wurde. Auch ist der **Zeitpunkt der Übertragung** für die erbschaft-/schenkungsteuerliche Behandlung relevant. Erfolgt die Nachfolge unentgeltlich mit dem Tod des Gesellschafters oder liegt das zu entrichtende Entgelt unter dem erbschaftsteuerlichen Wert des Gesellschaftsanteils (zur Bewertung vgl. VI.), liegt eine (steuerpflichtige) sog. *„Schenkung auf den Todesfall"* vor (§ 3 Abs. 1 Nr. 2 S. 1 ErbStG).

Verpflichtet sich der Nachfolger an den übertragenden Gesellschafter eine dem Wert der Beteiligung **angemessene Gegenleistung** zu zahlen, liegt eine **entgeltliche Nachfolgeregelung** vor, die **keine erbschaft- oder schenkungsteuerlichen** Konsequenzen auslöst.

In ersterem Fall (**unentgeltliche** Übertragung), ist die betriebliche Gesellschaftsbeteiligung **zwingend zu Buchwerten** fortzuführen (§ 6 Abs. 3 S. 1 EStG).

Übersteigt in letzterem Fall (**entgeltliche** Nachfolge) das Entgelt den Buchwert des betrieblichen Gesellschaftsanteils führt dies insoweit zu einem **Veräußerungsgewinn des Erblassers**. Die **Steuerpflicht entsteht** hier mit dem **Übergang** des Gesellschaftsanteils auf den Erwerber **zum Zeitpunkt des Todes** des Gesellschafters.

f) Was ist eine Eintrittsklausel?

aa) Inhalt der Eintrittsklausel

Auch bei der **Eintrittsklausel** handelt es sich juristisch um ein **Rechtsgeschäft unter Lebenden**. Die Eintrittsklausel regelt die Fortsetzung der Gesellschaft unter den verbleibenden Gesellschaftern und räumt daneben einem **Dritten**, der anders als im Falle der **Nachfolgeklausel** (vgl. II.5.g) und h)) **nicht Erbe** des verstorbenen Gesellschafters sein muss, einen **schuldrechtlichen Anspruch** auf Eintritt in die Gesellschaft ein. Es erfolgt jedoch noch **keine** (aufschiebend bedingte) **Abtretung** des

Gesellschaftsanteils zu Lebzeiten des verfügenden Gesellschafters wie bei der **rechtgeschäftlichen Nachfolgeklausel** (vgl. II.5.e)).

Die Eintrittsklausel besteht daher aus einem vertraglichen, also **schuldrechtlichen Teil** (Begründung des Eintrittsrechts im Gesellschaftsvertrag) und einen **vollziehenden Teil** (Eintritt des Berechtigten in die Gesellschaft).

Der erste Teil stellt einen sog. **Vertrag zugunsten Dritter auf den Todesfall** dar (§§ 328 Abs. 1, 331 BGB), sofern der Eintrittsberechtigte nicht schon lebzeitig an der Vereinbarung beteiligt ist. In einem zweiten Schritt übt der Berechtigte das ihm eingeräumte Eintrittsrecht durch **Abschluss eines Aufnahmevertrags** mit den übrigen verbleibenden Gesellschaftern zu den im Gesellschaftsvertrag geregelten Konditionen aus. Regelmäßig wird dabei die **Rechtsstellung** des übertragenden Gesellschafters mit all dessen Rechten und Pflichten **übernommen.**

Durch das Recht, in die Gesellschaft eintreten zu dürfen, wird der Übernehmer jedoch nicht von der Verpflichtung entbunden, **eine Einlage in die Gesellschaft** zu leisten. Dies kann allerdings auch **abweichend geregelt** werden. Auch geht das **Kapitalkonto** des ausscheidenden Gesellschafters grundsätzlich **nicht automatisch auf den Übernehmer über.** Vielmehr wird so eine **neue** und von der des übertragenden Gesellschafters völlig unabhängige **Mitgliedschaft** des Übernehmers begründet. Daher ist dieser grundsätzlich **völlig frei,** ob er in die Gesellschaft **eintritt oder nicht.**

Rechtstechnisch geht der Gesellschaftsanteil mit dem Tod des übertragenden Gesellschafters zunächst auf die **übrigen Gesellschafter** über. In einem **zweiten Schritt** kann der aus dem Gesellschaftsvertrag Berechtigte dann entweder seinen **Aufnahmeanspruch geltend machen** oder aber ihn verfallen lassen. Da der fragliche Gesellschaftsanteil zunächst auf die verbleibenden Mitgesellschafter übergeht, entsteht mit dem Todesfall ein **Abfindungsanspruch der Erben** aus § 728 Abs. 1 Satz 1 BGB (für die GbR) bzw. § 135 Abs. 1 Satz 1 HGB (für die OHG), für die KG § 161 Abs. 2 iVm. § 135 Abs. 1 Satz 1 HGB.

bb)   Vor- und Nachteile

Die Verwendung einer Eintrittsklausel hat gewisse **Vorteile**:

- Der **Übernehmer** muss **nicht zwingend Erbe** des verstorbenen Gesellschafters sein.
- Die **Bestimmung, wer neuer Gesellschafter** wird, kann einem **Dritten** (z. B. einem Testamentsvollstrecker oder den verbleibenden Gesellschaftern) **überlassen** werden, ohne dass das erbrechtliche Drittbestimmungsverbot (§ 2065 BGB) eingreifen würde (vgl. dazu III.1.b)). So kann ggf. **bis zum Eintritt des Erbfalles abgewartet** werden, welcher potentielle Nachfolger tatsächlich am besten geeignet ist.
- Ein **Testament/Erbvertrag** des verfügenden Gesellschafters muss **nicht** mit der Eintrittsklausel **abgestimmt** werden.
- Die ansonsten für Erben als neu eintretende Gesellschafter bestehende **Wahlmöglichkeit des § 139 HGB** (vgl. II.5.d)) und die daraus folgenden Unsicherheiten für die übrigen Mitgesellschafter ist **ausgeschlossen.**

Durch die Eintrittsklausel entstehen jedoch auch **gewisse Probleme:**

- Der **Begünstigte** muss an der Vereinbarung und Umsetzung der Klausel **aktiv teilnehmen.** Denn die Eintrittsklausel ist nicht nur vorteilhaft, da sie auch Nachteile (z. B. persönliche Haftung als Gesellschafter) mit sich bringt. Eine Festsetzung nur durch den Erblasser und die übrigen Gesellschafter wäre daher ein unzulässiger Vertrag zu Lasten Dritter.
- Für den Zeitraum, in welchem sich der Begünstigte noch nicht zum Eintritt in die Gesellschaft oder zur Ausschlagung entschieden hat, entsteht regelmäßig ein **Schwebezustand.**
- Um dies zu abzumildern, sollte die **Frist** zur Ausübung der Eintrittsoption in angemessenen Umfang **begrenzt** werden.

cc)   Wie kann der Eintritt sichergestellt werden?

Will der übertragende Gesellschafter **sicherstellen**, dass der gewünschte Nachfolger tatsächlich in die Gesellschaft eintritt, muss er daher entsprechende Anordnungen in seinem Testament treffen. Dies kann z. B. in Form einer **Auflage** (§ 1940 BGB, vgl. III.8.g)) erfolgen. Aus dieser muss sich – mittelbar – eine **starke (wirtschaftliche) Motivation** des Begünstigten zum Eintritt ergeben. Ebenfalls möglich ist eine **aufschiebend oder auflösend bedingte Erb- bzw. Vermächtniseinsetzung**, bei der die Bedingung an den Eintritt in die Gesellschaft anknüpft.

dd)   Regelung der Einlagepflicht

Wie bereits erläutert (vgl. II.5.f)aa)), erhält der Übernehmer nicht den Vermögenswert der Gesellschaftsbeteiligung, sondern **nur** ein **Recht zum Eintritt** in die Gesellschaft. Er muss also grundsätzlich die im Gesellschaftsvertrag festgelegte Einlage (in Höhe des Abfindungsanspruchs) beim Eintritt in die Gesellschaft leisten. Daraus folgt eine entsprechende (ggf. deutliche) **wirtschaftliche Belastung** des Nachfolgers.

Um dieses Problem zu umgehen, gibt es verschiedene Möglichkeiten. Der verfügende Gesellschafter kann entweder

* dem Eintrittsberechtigten unter der aufschiebenden Bedingung, dass dieser auch tatsächlich in die Gesellschaft eintritt, die **erforderlichen Mittel** zur Leistung der Einlage **als Vermächtnis** zuwenden,
* den in den Nachlass fallenden **Abfindungsanspruch** als (Voraus-) Vermächtnis seinem Nachfolger zuwenden, sodass die **Einlageverpflichtung mit dem Abfindungsanspruch verrechnet** werden kann, bzw. im Wege der Vorausabtretung auf den Todesfall zuwenden. Diese letztgenannte Gestaltung stellt ein **Schenkungsversprechen von Todes wegen** dar (§ 2301 Abs. 2 BGB), welches grundsätzlich **notariell** beurkundet werden muss (§ 518 Abs. 1 BGB).

Alternativ kann vereinbart werden, dass die **verbleibenden Gesellschafter** den zu übertragen Gesellschaftsanteil für den Übernehmer bis zu dessen Eintritt treuhänderisch halten (sog. *„Treuhandlösung"*). Zugleich wird der gesetzliche **Abfindungsanspruch gesellschaftsvertrag-**

lich ausgeschlossen. Dieser Ausschluss kann **auflösend bedingt** auf den Nichteintritt des Begünstigten (§ 158 Abs. 2 BGB) erfolgen. Tritt der Begünstigte in diesem Fall nicht in die Gesellschaft ein, so **lebt** damit der Abfindungsanspruch zugunsten des Nachlasses **wieder auf.**

ee) Formulierungsbeispiel für eine Eintrittsklausel

Sachverhalt:

Egon Emmerich (E) ist gemeinsam mit Stephan Schmidt (S) und Toni Tadelöser (T) Gesellschafter der Schmidt & Emmerich Im- & Export Handels OHG. E hat zwei Töchter, Tanja und Tina. Tanja macht gerade Abitur und möchte dann an der EBS in Oestrich-Winkel das Studienfach „Business Studies" belegen. Die zwei Jahre ältere Tina hat gerade ihre Lehre als Bankkauffrau bei der örtlichen Kreissparkasse abgeschlossen. E ist sich aktuell unsicher, wem er es eher zutrauen kann, im Falle seines Todes die Geschäfte der OHG zu führen. Seinem zehn Jahre jüngeren Geschäftspartner S vertraut E vollkommen und beabsichtigt, ihn für den Fall der Fälle in seinem neuen Unternehmertestament auch als Testamentsvollstrecker einzusetzen.

Lösung:

Auszug aus dem Gesellschaftsvertrag der Emmerich & Schmidt Im- & Export Handels OHG – Formulierungsbeispiel:[3]

„§ 7 Eintrittsrecht
7.1.   Beim Versterben des Gesellschafters Egon Emmerich steht demjenigen, den der Verstorbene durch lebzeitige schriftliche Erklärung gegenüber der Gesellschaft namentlich bestimmt hat oder, wenn eine solche Bestimmung nicht stattgefunden hat, dem durch den Testamentsvollstrecker Benannten, das Recht zu, in die Gesellschaft in einem der Beteiligung des verstorbenen Gesellschafters entsprechenden Umfang einzutreten.

---

[3] Angelehnt an Muller/Sass, Beck'sches Formularbuch Erbrecht, 5. Auflage 2023, 5. Personengesellschaftsvertragliche Eintrittsklausel.

7.2. Der oder die Eintretende hat seinen/ihren Eintritt innerhalb von sechs Wochen nach Kenntnis über den Tod des Gesellschafters und sein Eintrittsrecht zu erklären. Bis zu diesem Zeitpunkt halten die übrigen Gesellschafter den Kapitalanteil des Verstorbenen treuhänderisch. Nimmt der Eintrittsberechtigte sein Eintrittsrecht nicht fristgerecht wahr, wird die Gesellschaft endgültig von den übrigen Gesellschaftern unter Abfindung der Erben des Verstorbenen fortgesetzt.

7.3. Macht der/die Eintrittsberechtigte von seinem/ihrem Eintrittsrecht fristgerecht Gebrauch, so sind die übrigen Gesellschafter verpflichtet, den Anteil unentgeltlich auf ihn/sie zu übertragen; ein Abfindungsanspruch der Erben des verstorbenen Gesellschafters gegen die Gesellschaft oder die übrigen Gesellschafter ist in diesem Fall ausgeschlossen."

ff) Steuerliche Aspekte

Zu unterscheiden ist steuerlich zwischen dem **eintrittsberechtigten Erben** und dem **nicht erbberechtigten** Eintrittsberechtigten.

Übt der **eintrittsberechtigte Erbe** sein Eintrittsrecht aus dem Gesellschaftsvertrag aus, stellt dies einen erbschaftsteuerpflichtigen **Erwerb durch Erbanfall** dar (§ 3 Abs. 1 Nr. 1 ErbStG), der als Erwerb von **Betriebsvermögen** begünstigt ist (RE 13b. 1 Abs. 2 S. 2 ErbStR). Übt ein **Nichterbe** das ihm eingeräumte Eintrittsrecht **gegen Einlage** des – zuvor vermachten – Abfindungsanspruches des verstorbenen Gesellschafters aus, handelt es sich um einen **Erwerb von Todes wegen** (§ 3 Abs. 1 Nr. 4 ErbStG), der ebenfalls **erbschaftsteuerlich begünstigt** sein kann.

Wird das Eintrittsrecht **nicht ausgeübt**, erwerben die übrigen Gesellschafter durch die **Anwachsung** (quotal) den fraglichen Gesellschaftsanteil. Überschreitet dabei der erbschaftsteuerliche Wert des Gesellschaftsanteils das Abfindungsguthaben, stellt die Anwachsung einen vom ErbStG erfassten **Erwerb von Todes wegen** dar (§ 3 Abs. 1 Nr. 2 S. 2 ErbStG). Dieser ist **steuerlich begünstigt**, sofern die sonstigen Voraussetzungen für den privilegierten Erwerb von **Betriebsvermögen** (§§ 13a, 13b ErbStG) gegeben sind (RE 13b. 1 Abs. 2 S. 4 ErbStR 2019).

Die **Abfindung,** welche die (sonstigen) Erben von der Gesellschaft/den übrigen Gesellschaftern erhalten, ist dagegen **nicht steuerlich** nach §§ 13a, 13b ErbStG **begünstigt.**

Der Gesellschaftsanteil, steuerlich auch als *„Mitunternehmeranteil"* bezeichnet, wird infolge der separaten Übertragung nicht Teil des Nachlasses. Übersteigt der Abfindungsanspruch des Erblassers den **Buchwert** seines Kapitalkontos, so erzielt er ertragssteuerlich durch Aufgabe seines Mitunternehmeranteils im Todeszeitpunkt einen **Veräußerungsgewinn.** Dieser fällt unter die allgemeinen Vorschriften zur steuerlichen Begünstigung eines sog. *„Aufgabegewinns"* im Rahmen der Einkommensteuer (§§ 16, 34 EStG). Bei den verbleibenden Gesellschaftern stellen die Abfindungszahlungen **Anschaffungskosten** für den Gesellschaftsanteil des Erblassers dar, sodass diese ihre **Buchwerte** insoweit **erhöht** werden müssen.

Liegt die Abfindung – **betrieblich veranlasst** – **unter dem Buchwert,** erzielt der Erblasser einen steuerlich relevanten Veräußerungsverlust. Die verbleibenden Gesellschafter sind in diesem Fall verpflichtet, die bisherigen Buchwerte der Gesellschaft anteilig herabzusetzen.

Unterschreitet die Abfindung dagegen aus **privaten Gründen** den Buchwert, wird dennoch ein **voll unentgeltliches Geschäft** fingiert. Damit kommt es zur **Anwendung des ErbStG.** In diesem Fall führt die Abfindungszahlung auch nicht zu Anschaffungskosten. Stattdessen sind die Buchwerte des Erblassers fortzuführen (§ 6 Abs. 3 EStG). In Höhe der Differenz zwischen Buchwert und Abfindung liegt dann eine **Einlage** der verbleibenden Gesellschafter vor.

Praxishinweis:

Bestehen **familiäre Beziehungen** des Erblassers zu den verbleibenden Gesellschaftern und unterschreitet die vereinbarte Abfindung den Buchwert des Gesellschaftsanteils, wird seitens der Finanzverwaltung **pauschal** (zunächst) angenommen, dass dies auf **privaten Gründen** beruht.

Entsprechen die **Abfindungszahlungen** der Höhe nach dem **Buchwert** des Kapitalkontos des Erblassers, entsteht weder ein Veräußerungsgewinn noch ein -verlust. In diesem Fall sind die **Buchwerte** der einzelnen Wirtschaftsgüter, soweit sie auf den Gesellschaftsanteil des Erblassers entfallen, **fortzuführen.**

g) Was ist die einfache erbrechtliche Nachfolgeklausel?

aa) Inhalt der einfachen erbrechtlichen Nachfolgeklausel

Wie bereits gezeigt (vgl. II.5.b)), ist nach dem MoPeG der gesetzliche **Regelfall**, dass die Personengesellschaft beim Tod eines Gesellschafters unter den **verbleibenden Gesellschaftern** fortgeführt wird, der **verstorbene Gesellschafter scheidet** damit aus der Gesellschaft **aus.** Für die (rechtsfähige) GbR folgt dies aus § 723 Abs. 1 Nr. 1 BGB n.F., für die OHG aus § 130 Abs. 1 Nr. 1 HGB n.F. und für den Geschäftsanteil des persönlich haftenden Gesellschafters der KG (Komplementär) regeln das die §§ 161 Abs. 2 iVm. § 130 Abs. 1 Nr. 1 HGB n.F.

Mit der sog. „**einfachen erbrechtlichen Nachfolgeklausel**" kann im Gesellschaftsvertrag dagegen geregelt werden, dass der oder die Erben des verstorbenen Gesellschafters bzw. Vermächtnisnehmer den **Gesellschaftsanteil mit allen Rechten und Pflichten** (außer den höchstpersönlichen) **übernimmt** bzw. **übernehmen.** Die Entscheidung, wer im Ergebnis den Gesellschaftsanteil übernehmen soll, trifft damit der Gesellschafter als Erblasser **in seinem Testament** oder Erbvertrag. Geschieht dies nicht, werden **sämtliche gesetzlichen Erben** des Gesellschafters gemäß ihren **Erbquoten** Nachfolger. Sobald den Gesellschafter **zwei oder mehr Personen** beerben, wird der Gesellschaftsanteil nicht Gesamthandseigentum einer Erbengemeinschaft. Vielmehr treten alle Erben im Wege der **Sondererbfolge** als Gesellschafter in die Gesellschaft ein (vgl. II.5.b)c)).

bb) Vor- und Nachteile

Greift mangels entsprechender Regelung im Testaments-/Erbvertrag die **gesetzliche Erbfolge**, kann es zu einer ggf. **ungewollten Vergrö-**

ßerung des Gesellschafterkreises kommen. Gerade im Hinblick auf die Gesamtgeschäftsführungsbefugnis aller Erben als neuer Gesellschafter führt dies regelmäßig zu **praktischen Problemen.**

→ Der Gesellschaftsvertrag sollte auf jeden Fall ergänzend eine Regelung enthalten, nach welcher die im Erbfall neu eintretenden Gesellschafter sich durch einen **gemeinsamen Bevollmächtigten** vertreten lassen müssen.

Im Gesellschaftsvertrag selbst können **keine Vorkehrungen** getroffen werden, um **erkennbar ungeeignete Erben** von der Nachfolge in die Gesellschaft **auszuschließen.**

→ In der **Konsequenz** sind die **verbleibenden Gesellschafter** bei der einfachen erbrechtlichen Nachfolgeklausel – auf Gedeih und Verderb – auf die **Regelungen des Erblassers angewiesen.**

cc)   Formulierungsbeispiel für eine einfache erbrechtliche Nachfolgeklausel

Auszug aus dem Gesellschaftsvertrag einer OHG – allgemeines Formulierungsbeispiel:

„§ 7 Ausscheiden, Ausschluss und Tod eines Gesellschafters
7.1.   Verstirbt ein Gesellschafter, wird die Gesellschaft mit dessen Erben oder Vermächtnisnehmern fortgesetzt.
7.2.   Die Erben bzw. Vermächtnisnehmer erhalten alle Rechte und Pflichten des verstorbenen Gesellschafters in der Gesellschaft, jedoch nicht jene, die dem Gesellschafter aufgrund seiner persönlichen Eigenschaften übertragen oder auferlegt waren. Treten mehrere Erben und/oder Vermächtnisnehmer als Nachfolger eines Gesellschafters in die Gesellschaft ein, müssen sich diese bis zur Zulassung einer getrennten Stimmabgabe durch einen gemeinsamen Bevollmächtigten vertreten lassen. Die Ausübung des Stimmrechts durch einen Testamentsvollstrecker ist gestattet."

h) Was ist eine qualifizierte erbrechtliche Nachfolgeklausel?

aa) Inhalt der qualifizierten erbrechtlichen Nachfolgeklausel

Im Hinblick auf die mit der einfachen erbrechtlichen Nachfolgeklausel verbundenen Probleme ist stattdessen regelmäßig die Aufnahme einer sog. *„qualifizierten erbrechtlichen Nachfolgeklausel"* im Gesellschaftsvertrag empfehlenswert. Danach wird die Nachfolge in die Personengesellschaftsanteile **anhand bestimmter Kriterien eingegrenzt.** Der Gesellschaftsanteil geht im Wege der **Sonderrechtsnachfolge** unmittelbar im Ganzen auf den **qualifizierten Erben** über.

Setzt der verfügende Unternehmer seinen Nachfolger nicht zum Alleinerben ein und **existieren mehrere Erben**, wirkt die qualifizierte Nachfolgeklausel gegenüber den Miterben wie eine dinglich wirkende **Teilungsanordnung.** Der als Nachfolger bestimmte Erbe muss sich daher den vollen Wert des übertragenen Gesellschaftsanteils **auf seinen Erbteil anrechnen** lassen. **Übersteigt der Wert** des Gesellschaftsanteils die Erbquote des Nachfolgers, muss dieser daher den Miterben einen entsprechenden **Wertausgleich in Geld** leisten. Anspruchsgrundlage für eine solche Zahlung ist nach der Rechtsprechung § 242 BGB (*„Treu und Glauben"*).[4] Der verfügende Unternehmer kann dies umgehen, indem er den Gesellschaftsanteil dem Erben als **Vorausvermächtnis** (vgl. III.1.f)) zuwendet.

bb) Vor- und Nachteile

Während nach den allgemeinen erbrechtlichen Vorgaben der Erblasser einer anderen Person nicht die Entscheidung überlassen darf, wer im Erbfall eine Zuwendung erhalten soll (§ 2065 Abs. 2 BGB), wird für die Nachfolge in der Personengesellschaft von der Rechtsprechung das **besondere sachliche Interesse** an einer solchen Verfügung gesehen.[5]

Damit kann entweder

---

4   BGH, Urt. v. 22.11.1956 – II ZR 222/55, BGHZ 22, 186 (187).
5   BGH, Urt. v. 18.11.1954 – IV ZR 152/54, BGHZ 15, 199 (203).

- der Gesellschafter in seinem Testament,
- ein von ihm benannter Testamentsvollstrecker oder auch
- die verbleibenden Gesellschafter

die Person des hinzukommenden Gesellschafters bestimmen. In letzterem Fall behalten die verbleibenden Gesellschafter so die Kontrolle über ihren Gesellschafterkreis.

cc)   Erforderliche flankierende Maßnahmen

Voraussetzung für die Wirksamkeit der qualifizierten erbrechtlichen Nachfolgeklausel ist, dass der **gewünschte Nachfolger** auch **Erbe und/oder Vermächtnisnehmer** des verstorbenen Gesellschafters wird. Ist dies nicht der Fall, so kann nach der Rechtsprechung die **missglückte qualifizierte Nachfolgeklausel** in eine **Eintrittsklausel** umgedeutet werden (§ 140 BGB). Eine solche Umdeutung ist allerdings nur zulässig, wenn die Annahme einer Eintrittsklausel mit dem Inhalt des Testaments oder Erbvertrages in Einklang steht. Zudem muss die qualifizierte Nachfolgeklausel **insgesamt unanwendbar** sein, es darf daher **keiner** der gewünschten Nachfolger eine Erbenstellung besitzen. Andernfalls erbt dieser berechtigte Nachfolger den **gesamten Gesellschaftsanteil**.

Absolut entscheidend für die Wirksamkeit einer qualifizierten Nachfolgeklausel ist damit eine **Verknüpfung** der einschlägigen Regelungen im Gesellschaftsvertrag mit der **Erbeinsetzung/Vermächtnisregelung** durch den zukünftigen Erblasser.

dd)   Steuerliche Aspekte

Muss der Erbe, der durch Erbfall Gesellschafter geworden ist, diese Gesellschaft **gegen Abfindung** sofort wieder **verlassen**, da er die gesellschaftsrechtlich vereinbarten **Qualifikationsmerkmale** für einen Gesellschafter **nicht erfüllt** und ist die **Abfindung niedriger** als der Steuerwert des Anteils (zu dessen Bewertung vgl. VI) ist der erbschaftsteuerlich relevante **Erwerbsgegenstand** nicht der Gesellschaftsanteil, sondern nur der **Abfindungsanspruch**; nur er gehört zum Vermögensanfall (§ 10 Abs. 10 ErbStG).

ee)   Formulierungsbeispiel für eine qualifizierte erbrechtliche Nachfolgeklausel

Auszug aus dem Gesellschaftsvertrag einer OHG – allgemeines Formulierungsbeispiel:

„§ 7 Ausscheiden, Ausschluss und Tod eines Gesellschafters
7.1.   Verstirbt ein Gesellschafter, wird die Gesellschaft mit dessen Erben oder Vermächtnisnehmern fortgesetzt, sofern es sich hierbei um volljährige, unmittelbare Abkömmlinge des Gesellschafters, dessen Ehegatten oder um Gesellschafter der Gesellschaft handelt.
7.2.   Vgl. oben II.5.g)cc).
7.3.   Gibt es keine gem. Ziffer 7.1. zur Nachfolge zugelassenen Erben oder Vermächtnisnehmer des verstorbenen Gesellschafters, wird die Gesellschaft unter Ausschluss der vorhandenen Erben und/oder Vermächtnisnehmer von den verbleibenden Gesellschaftern fortgesetzt. Ein nicht zur Nachfolge zugelassener Erbe bzw. Vermächtnisnehmer kann von den verbleibenden Gesellschaftern einstimmig als Nachfolger zugelassen werden.“

6.   Was muss der Gesellschafter einer Kapitalgesellschaft bei der Nachfolgeplanung beachten?

a)   Wie wird ein GmbH-Anteil vererbt?

Der **Gesellschaftsvertrag** einer Kapitalgesellschaft (GmbH oder AG) wird in Abgrenzung vom Gesellschaftsvertrag einer Personengesellschaft (GbR/OHG/KG) grundsätzlich als *„**Satzung**"* bezeichnet.

Da im Bereich der mittelständischen Familienunternehmen zum Großteil die **GmbH** als Organisationsform Verwendung findet, wird die folgende Darstellung sich aus Gründen der Übersichtlichkeit auf die bei der GmbH üblichen und praxisrelevanten Fragen zur erbweisen Übertragung konzentrieren.

Geschäftsanteile einer GmbH sind **frei vererblich** bzw. übertragbar (§ 15 Abs. 1 GmbHG). Diese gesetzliche Regelung ist **zwingend** und kann der Satzung nicht abbedungen werden. Damit unterscheidet sich die Rechtslage insofern massiv von der bei **Anteilen an einer Personengesellschaft** maßgeblichen (vgl. II.5.c)).

Mit dem Erbfall geht die Mitgliedschaft an der GmbH damit automatisch gemäß den **allgemeinen erbrechtlichen Grundsätzen** auf die/ den Erben über (§ 1922 Abs. 1 BGB). Durch die **Satzung** kann – ebenfalls im Gegensatz zum Gesellschaftsvertrag einer Personengesellschaft – **keine Sonderrechtsnachfolge** begründet werden.

Gibt es **mehrere Erben,** so erben diese daher gemeinsam den Gesellschaftsanteil. Es entsteht eine **Erbengemeinschaft,** durch welche der Geschäftsanteil gesamthänderisch gehalten wird (§ 2032 Abs. 1 BGB) – zur Erbengemeinschaft vgl. II.3.a). Die **Erben** üben die Rechte und Pflichten aus dem GmbH-Anteil **gemeinschaftlich** aus (§ 18 GmbHG).

b) Was sollte eine Satzung als Mindestmaß für den Erbfall regeln?

Können oder wollen sich die Gesellschafter einer GmbH nicht auf eine **spezifische Nachfolgeklausel** (vgl. II.6.c) und d) einigen, so erscheint es regelmäßig dringend erforderlich, zumindest gewisse zwingende **Konsequenzen des Versterbens** eines Mitgesellschafters zu adressieren. Geht der Geschäftsanteil auf eine **Erbengemeinschaft** über, führt dies in aller Regel zu **praktischen Problemen** in der GmbH. Denn die Alt-Gesellschafter sehen sich ggf. mit einer **größeren Anzahl neuer Gesellschafter** konfrontiert, die außerdem (zunächst) in einer **Erbengemeinschaft** zusammengefasst sind.

Damit sollten zumindest folgende Regelungen in die Satzung aufgenommen werden:

- Die Erbengemeinschaft wird verpflichtet, einen **gemeinsamen Vertreter** zu bestimmen (in entsprechender Anwendung des § 69 Abs. 1 AktG). Damit werden die Rechte aus dem GmbH-Anteil **einheitlich ausgeübt** und den übrigen Gesellschaftern steht ein klarer **Ansprechpartner** zur Verfügung. Der gemeinschaftlich bestellte Vertreter sollte ggf. (ja nach Größe und Zusammensetzung des Erbenkreises) auch **nach Auseinandersetzung** der Erbengemeinschaft **beibehalten** werden.
- **Beschränkung des Bucheinsichtsrechts** (§ 51a GmbHG) der hinzukommenden Gesellschafter – dies kann auf die Konstellationen begrenzt werden, in denen **neue Gesellschafter Wettbewerber** sind.
- Anpassung der **gesellschaftsrechtlichen Nebenpflichten** (§ 3 Abs. 2 GmbHG), wie zum Beispiel Nachschusspflichten, Dienstleistungspflichten, Verpflichtungen zur Gebrauchsüberlassung von Gegenständen oder auch Regelungen zum Stimmrechtsausschluss, Gewinnbezugsrecht etc.

Derartige Satzungsanpassungen beschäftigen sich mit den Symptomen der faktisch unkontrollierten Nachfolge in den Geschäftsanteil, sie ändern jedoch nichts an der daraus resultierenden Grundproblematik. Im **schlechtesten Fall** werden die verbleibenden Gesellschafter mit neuen **Mitgesellschaftern** konfrontiert, die **nicht erwünscht** und/oder **fachlich/charakterlich ungeeignet** sind.

c)   Die Einziehungsklausel

aa)   Inhalt der Einziehungsklausel

Wie bereits dargestellt (vgl. II.6a)), sind die Geschäftsanteile der GmbH **zwingend veräußerlich und vererbbar** (§ 15 Abs 1 GmbHG). Soll verhindert werden, dass die verbleibenden Gesellschafter mit den Erben des verstorbenen Gesellschafters die GmbH fortsetzen müssen, kommen nur **zwei** Gestaltungsalternativen in Betracht.

Die **erste Möglichkeit** ist die Aufnahme einer **Einziehungsklausel** in die Satzung. Sie führt zwar nicht zu einem Ausschluss der Vererblichkeit, doch sind die **übrigen Gesellschafter** dann berechtigt, den **Anteil** des verstorbenen Gesellschafters **einzuziehen**, sodass er im Ergebnis vernichtet wird.

Die Einziehung setzt dabei einen entsprechenden, **formal wirksamen Beschluss der Gesellschafter** voraus. Zudem müssen die allgemeinen **gesetzlichen Voraussetzungen** der Einziehung beachtet werden (§§ 19 Abs. 2, 30 Abs. 1, 34 Abs. 3 GmbHG). Diese sind:

- **Volle Einzahlung** der Stammeinlage auf den einzuziehenden Gesellschaftsanteil und
- **Leistung des Einziehungsentgelts** aus dem **freien Vermögen** der Gesellschaft (d.h. finanziellen Mitteln, die nicht der Erhaltung des Stammkapitals dienen).

Ob diese Vorgaben tatsächlich vorliegen, muss **stets für den Einzelfall** geprüft werden – eine „automatische" Einziehung bei Tod eines Gesellschafters ist **nicht möglich.**

Wurde die **Stammeinlage** auf den Gesellschaftsanteil **nicht voll eingezahlt,** kann der säumige Gesellschafter (Erbe) aus der Gesellschaft ausgeschlossen werden (sog. „Kaduzierung", § 21 GmbHG).

Die Satzungsregelung sollte folgende Aspekte enthalten:

- Einziehung bei Tod des Gesellschafters;
- Einziehungsfrist;
- Stimmrechtsausschluss des betroffenen Gesellschafters (sofern sich dieser nicht bereits aus den allgemeinen Satzungsregelungen ergibt);
- Höhe der Abfindung bzw. deren Ausschluss.

bb)   Formulierungsbeispiel für eine Einziehungsklausel

Sachverhalt:

Eberhard Eckhard (E) ist Mehrheitsgesellschafter (65 %) und Geschäftsführer eines mittelständischen Kfz-Zulieferer-Betriebes, die Eckhard Automotive GmbH. Minderheitsgesellschafter 1 ist Martin Müller (M), der 26 % der Anteile hält. Minderheitsgesellschafter 2 mit 9 % ist Roland Raser (R) ein lokaler Privatier und Autosammler.

E ist 59, verheiratet und hat keine Kinder; M ist 38, geschieden und hat aus dieser früheren Ehe zwei Söhne. R ist 74, verwitwet und hat keine Kinder.

Lösung:

Auszug aus der Satzung der Eckhard Automotive GmbH – Formulierungsbeispiel:

„§ 8   Übertragbarkeit Geschäftsanteile; Einziehung

8.1.   Geschäftsanteile sind grundsätzlich frei vererblich. Die Gesellschaft wird nach dem Tod eines Gesellschafters mit dessen Erben und/oder Vermächtnisnehmern fortgesetzt.

8.2.   Die Erben eines verstorbenen Gesellschafters sind verpflichtet, innerhalb von drei Werktagen nach Kenntnis vom Todesfall diesen gegenüber der Gesellschaft (vertreten durch die Geschäftsführung bzw. Gesellschafterversammlung) durch eingeschriebenen Brief anzuzeigen. Sofern ein notarielles Testament oder ein Erbvertrag vorliegt, ist dieses – ansonsten der Erbschein – unverzüglich nach dessen Erteilung in Kopie der Gesellschaft zum Nachweis der Erbenstellung per Einschreiben zuzusenden.

8.3.   Die Geschäftsführung hat alle Gesellschafter unverzüglich über die eingetretene Rechtsnachfolge zu unterrichten.

8.4.   Der Geschäftsanteil eines Gesellschafters kann im Falle seines Todes ganz oder teilweise auch ohne Zustimmung seiner Erben bzw. des betroffenen Vermächtnisnehmers eingezogen werden, es sei denn, es handelt sich bei dem Erben und/oder Vermächtnisnehmer um

* einen Mitgesellschafter;
* den Ehegatten/Lebenspartner oder
* direkten Abkömmling

des verstorbenen Gesellschafters.

8.5.   Die Gesellschafterversammlung hat über die Einziehung innerhalb von drei Monaten nach Kenntnis der Gesellschaft über den Tod des Gesellschafters mit qualifizierter Mehrheit zu entscheiden. Der betroffene Erbe/Vermächtnisnehmer bzw. deren etwaige Rechtsnachfolger sind in dieser Beschlussfassung nicht stimmberechtigt."

cc) Ausschluss des Einziehungsentgelts

Grundsätzlich würde mit der Einziehung des Anteils des verstorbenen Gesellschafters ein entsprechender **Anspruch auf Abfindung** in dessen Nachlass entstehen. Dies würde entweder die Gesellschaft selbst oder den eintretenden Gesellschafter finanziell (gegebenenfalls massiv) belasten.

Das Einziehungsentgelt kann jedoch in der Satzung **reduziert** oder auch **gänzlich ausgeschlossen** werden. Eine Beschränkung kann sich auch auf die Fälligkeit oder andere Auszahlungsbedingungen beziehen (Hauptbeispiel: Zahlung in Raten).

Allerdings kann der Ausschluss einer Abfindung nach der Rechtsprechung unter bestimmten Voraussetzungen **sittenwidrig** und damit nichtig sein (§ 138 BGB).[6] Knüpft die Einziehung allerdings ausdrücklich (nur) an den **Tod eines Gesellschafters** und trifft damit nur die Erben ist nach herrschender Ansicht der Ausschluss der Abfindung (insoweit) **zulässig**[7].

d) Die Zwangsabtretungsklausel

aa) Inhalt der Zwangsabtretungsklausel

Alternativ zur Zwangseinziehung kann auch eine **Zwangsabtretung** in der Satzung geregelt werden. Die Erben des verstorbenen Gesellschafters sind danach verpflichtet, den Gesellschaftsanteil entweder

- an einen oder alle Mitgesellschafter,
- an einen von einem Testamentsvollstrecker zu bestimmenden Dritten, oder aber
- an die Gesellschaft selbst

abzutreten.

---

6   BGH, Urt. v. 16.12.1991 – II ZR 58/91, BGHZ 116, 359 (374 ff.).
7   BGH, Urt. v. 22.11.1956 – II ZR 222/55, BGHZ 22, 186 (194).

- Der Zwangsabtretungsanspruch wird regelmäßig durch die Gesellschaft selbst geltend gemacht. Es besteht auch die Möglichkeit, dies in der Satzung direkt den berechtigten **Gesellschaftern** oder einem **Dritten** zu überlassen (sog. *„Eintrittsklausel"*).

bb) Formulierungsbeispiel für eine Zwangsabtretungsklausel

Sachverhalt:
Wie oben unter II.6 c)bb).

Lösung:
Auszug aus der Satzung der Eckhard Automotive GmbH - Formulierungsbeispiel:

„§ 8 Übertragbarkeit Geschäftsanteile; Abtretung
8.1. bis 8.3. wie oben unter II.6.c)bb).
8.4. Verstirbt ein Gesellschafter, so sind dessen Erben oder Vermächtnisnehmer verpflichtet, aus der Gesellschaft auszuscheiden, es sei denn, es handelt sich bei den Erben und/oder Vermächtnisnehmern um

- einen Mitgesellschafter;
- den Ehegatten/Lebenspartner oder
- direkten Abkömmling

des verstorbenen Gesellschafters.

8.5. Die nach Ziffer 8.4. zum Ausscheiden aus der Gesellschaft verpflichteten Erben/Vermächtnisnehmer und ihre etwaigen Rechtsnachfolger werden ihren Geschäftsanteil ganz oder geteilt an die Gesellschaft selbst, an einen oder mehrere Gesellschafter oder an von der Gesellschaft zu benennende Dritten gegen Abfindung übertragen. Die Höhe der Abfindung bestimmt sich nach Ziffer (…). Die Übertragung erfolgt nach Maßgabe eines Gesellschafterbeschlusses, welcher mit der qualifizierten Mehrheit der Stimmen der übrigen Gesellschafter gefasst wird. Der betroffene Erbe/Vermächtnisnehmer bzw. deren etwaige

Rechtsnachfolger sind in dieser Beschlussfassung nicht stimmberechtigt.“

e) Welche steuerlichen Aspekte muss ich beachten?

Gehen Anteile an einer Kapitalgesellschaft von Todes wegen über, wird dies vom **ErbStG** erfasst (§ 3 Abs. 1 Nr. 1 ErbStG). Unter den Voraussetzungen der §§ 13a, 13b Erbschaft- und Schenkungsteuergesetz (ErbStG) kann dies **steuerlich begünstigt** erfolgen (vgl. VII.). Kommt es zu einer Einziehung oder Zwangsabtretung der Geschäftsanteile, kann es zum **Wegfall** dieser **steuerlichen Begünstigung** führen.
Ist bei einer satzungsgemäßen Zwangsabtretung oder Einziehung

- der nach erbschaftsteuerlichen Maßstäben ermittelte **Wert** des fraglichen Anteils (§ 12 ErbStG, vgl. VI.) **höher** als der gesellschaftsvertraglich festgelegte **Abfindungsanspruch** des ausscheidenden Erben und
- erfolgt die Einziehung/Übertragung **unverzüglich** nach dem Erbanfall,

wird erbschaftsteuerlich **nur der Abfindungsanspruch** als **steuerpflichtiger Vermögensanfall** behandelt (§ 10 Abs. 10 Satz 2 ErbStG).

Eine **erbschaftsteuerliche Privilegierung** (§§ 13a, 13b ErbStG) zugunsten des ausscheidenden Erben **scheidet** dann **aus.**

Durch die **Zwangseinziehung** kommt es zum **Untergang** des betroffenen Anteils. Als Konsequenz erhöht sich der **Wert der Beteiligungen** der verbleibenden Gesellschafter, da deren jeweilige Anteil nun eine entsprechend **höhere Quote** am Geschäftsanteil abbildet. Die daraus folgende Bereicherung führt zu einem entsprechend **steuerpflichtigen Erwerb** von Todes wegen (§ 3 Abs. 1 Nr. 2 Satz 3 ErbStG). Dieser ist allerdings **nicht erbschaftsteuerlich privilegiert** (§ 13b Abs. 1 Nr. 3 ErbStG), da in diesem Fall kein Geschäftsanteil übergeht, sondern die Werterhöhung durch dessen **Untergang** ausgelöst wird.

Bei der **Zwangsabtretung** muss nach der Person des Erwerbers unterschieden werden:

- Erwirbt die **Gesellschaft** selbst/einer der **bisherigen Gesellschafter** handelt es sich um eine **Schenkung auf den Todesfall** (§ 3 Abs. 1 Nr. 2 S. 2 ErbStG). Bestimmt die Satzung, dass ausschließlich Gesellschafter/die Gesellschaft erwerben dürfen, kann in diesem Fall **nur** der **Abfindungsanspruch** steuerpflichtig sein (§ 7 Abs. 7 S. 3 ErbStG iVm § 10 Abs. 10 S. 2 ErbStG).
- Erwirbt ein **externer Dritter** den Anteil, so handelt es sich regelmäßig um eine (eventuell erbschaftsteuerlich privilegierte) **Schenkung** iSd § 7 ErbStG.

7.   Zusammenfassung

Übersicht Vererblichkeit Beteiligung

Tab. 1:   Übersicht Vererblichkeit von Beteiligungen nach Rechtsform

Rechtsform	Vererblichkeit		Gesamtrechts-nachfolge
Einzelunternehmer	Vererblich (Gesamtrechts-nachfolge)		(+) Mehrere Erben bilden Erben-gemeinschaft
Personengesellschaft (GbR, OHG, Komplementär in KG)	Nicht vererblich lt. Gesetz	Vererblich lt. Gesellschafts-vertrag (Nachfolgeklausel)	(–) Sondererbfolge
Kommanditist in KG	Vererblich (Sondererbfolge) lt. Gesetz		(–) Sondererbfolge
Kapitalgesellschaft (GmbH, AG)	Vererblich lt. Gesetz		(+) Mehrere Erben bilden Erben-gemeinschaft

III. Was muss im Unternehmertestament geregelt werden?

1. Überblick zu Regelungsmöglichkeiten

a) Wie unterscheiden sich gesetzliche und gewillkürte Erbfolge?

Soll nicht allein die gesetzliche Erbfolge eintreten (zum Regelfall vgl. II.3.), muss der zukünftige Erblasser aktiv werden, indem er entweder ein

- *Testament* (§§ 2064 ff. BGB) oder einen
- *Erbvertrag* (§§ 1941, 2274 ff. BGB)

abfasst.

Damit regelt der Erblasser die sog. *„gewillkürte Erbfolge"*. Diese hat vor der gesetzlichen Erbfolge immer **Vorrang**. Für den testamentarischen Erben gelten im Erbgang die gleichen Grundsätze wie für den gesetzlichen. Das (**gesamte**) **Vermögen** des Erblassers – einschließlich der Schulden – geht mit dessen Tod **ungeteilt** und **als Ganzes** auf den oder die Erben über (sog. *„Gesamtrechtsnachfolge"*). Vgl. II.3.a)bb).

Der Erblasser kann allerdings auch über **einzelne Gegenstände** (bis hin zum Unternehmen als Ganzes) durch **Vermächtnis** verfügen – dazu vgl. III.1.f).

aa) Das Testament

Beim **Testament** handelt es sich um eine **einseitige Verfügung von Todes** wegen (§ 1937 BGB). Der Erblasser kann darin frei Anordnungen und Bestimmungen treffen, ohne dass es hierzu des Einverständnisses eines Dritten bedarf. Deshalb kann der Erblasser das Testament oder einzelne Verfügungen im Testament **jederzeit widerrufen**.

bb) Der Erbvertrag

Der Erblasser kann seine Erbfolge auch durch einen **Erbvertrag** regeln (§ 1941 Abs. 1 BGB). Der Erbvertrag ist **keine einseitige Regelung**, vielmehr treffen hier entweder **zwei Vertragspartner** eine Vereinbarung oder der Erblasser trifft eine Verfügung von Todes wegen, mit der er sich gegenüber der anderen Partei **vertraglich bindet**. Daher kann der Erblasser – im Unterschied zum Testament – die vertragsmäßigen Verfügungen eines Erbvertrags grundsätzlich **nicht einseitig widerrufen**. Der Erbvertrag muss von **beiden Vertragsteilen** persönlich abgeschlossen und **notariell beurkundet** werden (§ 2276 Abs. 1 BGB)

cc) Das gemeinschaftliche Testament

Als Zwischenform zwischen Testament und Erbvertrag regelt das BGB das *gemeinschaftliche Testament* (§ 2265 ff. BGB). Es kann **nur von Eheleuten** und eingetragenen **Lebenspartnern** errichtet werden (§ 2265 BGB). Im Gegensatz zum Erbvertrag muss das gemeinschaftliche Testament **nicht zwingend notariell** beurkundet, sondern kann auch **eigenhändig** errichtet werden (§ 2267 BGB). Dies stellt im Vergleich zur notariellen Beurkundung gerade unter Kostenaspekten eine oftmals empfehlenswerte Alternative dar.

Auch in einem gemeinschaftlichen Testament können, wie im Erbvertrag, Anordnungen sowohl für den Tod des einen wie für den Tod des anderen Ehegatten bzw. eingetragenen Lebenspartners getroffen werden. Diese sog. *„wechselbezüglichen Verfügungen"* stehen damit in einem **Gegenseitigkeitsverhältnis** zueinander, sodass im Gegensatz zum Testament **besondere Bestimmungen** für den Widerruf solcher Verfügungen zu berücksichtigen sind (§ 2270 BGB). Im Gegensatz zum Erbvertrag besteht allerdings beim gemeinschaftlichen Testament die grundsätzliche Möglichkeit, sich auch **einseitig** von der gemeinsamen Verfügung zu lösen (§ 2271 BGB).

b) Was muss ich beim Verfassen eines Testaments beachten?

Wirksamkeitsvoraussetzungen für die Verfügung per Testament sind:

- **Testierfähigkeit:** Damit das Testament wirksam ist, muss der Erblasser im Zeitpunkt der Abfassung testierfähig sein (§ 2229 Abs. 1 BGB).

Generell wird die **Testierfähigkeit vermutet** – die Beweislast trägt folglich derjenige, der die Testierfähigkeit bezweifelt.

- **Testierwille:** Es muss ein sog. „Testierwille" vorliegen, also der ernstliche Wille des Erblassers, ein Testament zu errichten und damit rechtsverbindlich letztwillige Anordnungen zu treffen.
- **Persönliche Testamentserrichtung:** Die Testamentserrichtung muss **persönlich** erfolgen, Stellvertretung und Botenschaft sind ausgeschlossen (§ 2064 BGB).

Außerdem darf der Erblasser die Entscheidung, ob das Testament wirksam ist und **wer Erbe sein** soll, **nicht** per Testament auf einen Dritten **delegieren** (§ 2065 BGB). Die genauen Grenzen des § 2065 BGB sind in der Literatur umstritten. Orientiert man sich an der Rechtsprechung des BGH, so dürfte die Auswahl und Bestimmung des oder der Erben durch einen Dritten (Erbendrittbestimmung) nur unter den folgenden Voraussetzungen zulässig sein:

Der Erblasser muss

- den **Bestimmungsberechtigten** ausdrücklich benennen,
- einen bestimmten **eng begrenzten Personenkreis**, aus dem der oder die Erben ausgewählt werden soll, bezeichnen und *(wichtig!)*
- die **sachlichen Auswahlkriterien** so eindeutig festlegen, dass es jeder mit genügend Sachkunde ausgestatteten Person – d.h. nicht nur dem Bestimmungsberechtigten – **objektiv** möglich ist, den oder die Bedachten auf Grund dieser Kriterien zu bezeichnen, **ohne** dass das **eigene Ermessen** dieser Person dabei bestimmend oder mitbestimmend ist.

- MaW: der Erblasser muss so **konkrete Auswahlkriterien** festlegen, dass **jedes Auswahlermessen** des bestimmenden Dritten **ausgeschlossen** wird.

Angesichts dieser sehr restriktiven Vorgaben sollte der Erblasser regelmäßig prüfen (lassen), ob zur Erreichung seines Regelungszieles nicht besser eine der unten näher behandelten (vgl. III.1.f) und g)bb) gesetzlich zugelassenen Ersatzlösungen (**Vermächtnis** oder **Auflage**) besser geeignet sind.

Das Testament muss einer **bestimmten Form** genügen (§ 2231 BGB). Ansonsten ist es **nichtig** und damit unwirksam (§ 125 S. 1 BGB):

Das Testament muss entweder

- vom Erblasser **eigenhändig** verfasst werden (§ 2247 BGB) oder
- **öffentlich bei einem Notar** beurkundet werden (§ 2232 BGB, §§ 27 ff. BeurkG).

Der **Vorteil** des **notariellen Testamentes** liegt in der Beratung durch den Notar und dem **Schutz vor Verfälschung und Unterdrückung** des Testaments im Erbfall durch Dritte. Allerdings löst die notarielle Beurkundung – gerade, wenn der Nachlass aus einem Unternehmen besteht – durchaus **erhebliche Gebühren** aus.

c) Welche Arten der Erbeinsetzung gibt es?

Die gewillkürte Erbfolge kann verschiedene Ausformungen haben, insbesondere die **Vor- und Nacherbschaft** oder die **Ersatzerbschaft**.

aa) Vor- und Nacherbschaft

Die **Vor- und Nacherbschaft** ist ein Sonderfall der gewillkürten Erbfolge. Bei ihr wird eine **zeitlich gestufte Erbenstellung** angeordnet. Erbe wird zunächst der Vorerbe. Dessen Verfügungsbefugnis über den Nachlass ist im Hinblick auf den Nacherben **grundsätzlich eingeschränkt**

(§§ 2112 ff. BGB). Verfügt der Erbe entgegen diesen Beschränkungen dennoch über Nachlassgegenstände, sind solche Geschäfte regelmäßig **schwebend unwirksam**, bis der Nacherbe das Erbe antritt oder dieser der Verfügung zustimmt (§ 185 BGB) bzw. die Beschränkung ausdrücklich aufhebt (§ 2136 BGB). Was der Vorerbe für eine Verfügung über einen Nachlassgegenstand als **Gegenleistung** erhält, fällt **automatisch** auch in den **Nachlass**.

Allerdings kann der Vorererbe von diesen gesetzlichen Verfügungsbeschränkungen durch den Erblasser im Testament auch **befreit** werden, er wird so zum *„befreiten Vorerben"* (§ 2136 BGB).

Stirbt der Vorerbe oder tritt ein im Testament angeordnetes Ereignis ein (z. B. Erreichen einer Altersgrenze (oft Volljährigkeit oder Großjährigkeit), Hochzeit, Abschluss einer Ausbildung) fällt das Erbe an den Nacherben, die sog. *„Nacherbfolge"*. Der Vorerbe muss dann das **gesamte Erbe** an den Nacherben **herausgeben**.

Problematisch ist die Vor-/Nacherbschaft regelmäßig unter **erbschaftsteuerlichen Aspekten**. Denn das **Erbschaftsteuerrecht** geht im Gegensatz zum Zivilrecht von **zwei Erbfällen** aus (§ 6 Abs. 1 ErbStG). Der Vorerbe ist Erbe, ohne dass dabei aber die Beschwerung mit der Nacherbschaft berücksichtigt wird, und der Nacherbe ist – anders als im Zivilrecht (§ 2100 BGB) – grundsätzlich Erbe des Vorerben und nicht des Erblassers. Steht der Nacherbe in einem **steuerlich günstigeren Verhältnis** zum Erblasser, kann er allerdings beantragen, dass seiner Versteuerung das Verhältnis zum Erblasser zugrunde gelegt wird (§ 6 Abs. 2 Satz 2 ErbStG). Auf diese Weise können gewisse **negative steuerliche Effekte** hinsichtlich der anwendbaren Steuerklasse (§ 15 ErbStG) ggf. **abgemildert** werden. Grundsätzlich erfolgt jedoch bei der Vor- und Nacherbschaft **zweimal** eine **vollumfängliche Besteuerung** des Nachlasses.

bb)   Ersatzerbschaft

Der Erblasser kann auch **eine oder mehrere Personen bestimmen**, die erst dann erben, wenn ein Erbe vor oder nach dem Eintritt des Erbfalls (mit Rückwirkung auf den Erbfall, z. B. durch Ausschlagung) **wegfällt**, den oder die „*Ersatzerbe/n*" (§ 2096 BGB).

Durch das Gesetz besteht für den Fall, dass der Erblasser einen **Abkömmling als Erbe** eingesetzt hatte, die **Vermutung**, dass bei Wegfall des Abkömmlings als Erben der Erblasser dessen Abkömmlinge als **Ersatzerben** eingesetzt hätte (§ 2069 BGB). Im **Unternehmertestament** sollte diese **gesetzliche Vermutung** durch eine ausdrückliche Regelung im Testament **regelmäßig außer Kraft** gesetzt werden. In einem Unternehmertestament geht es im Kern stets um die Frage, wer das **Unternehmen erfolgreich weiterführen** soll (vgl. III.1.e)). Insofern muss auch der als **Ersatzerbe** (ausdrücklich) benannte sich fachlich und charakterlich ebenfalls zur Weiterführung des Unternehmens eignen.

cc)   Die Teilungsanordnung

Bei der Teilungsanordnung wird einem Miterben ein **bestimmter Gegenstand**/bestimmte Gegenstände aus dem Nachlass – grundsätzlich unter **Anrechnung auf seinen Erbteil** – testamentarisch zugewendet (§ 2048 BGB). Auf diese Weise kann der Erblasser – entgegen dem Grundprinzip der **Gesamtrechtsnachfolge** – neben einer bestimmten Quote am Erbteil hinaus Teile seines Vermögens gegenständlich einem Erben zuordnen. So kann insbesondere das Unternehmen bzw. die **Anteile an der Gesellschaft gezielt** auf einen bestimmten Erben **übertragen** werden.

In der Praxis wird zur Absicherung einer Teilungsanordnung oftmals ein **Testamentsvollstrecker** benannt. Dies kann sich allerdings als **Scheinlösung** entpuppen. Sind sich Testamentsvollstrecker und alle Miterben **einig**, so können diese eine von der Teilungsanordnung abweichende Verteilung des Nachlasses (§ 2204 Abs. 1 BGB) und damit Zuordnung der Unternehmensbeteiligungen vornehmen. Daher empfiehlt es sich, die Teilungsanordnung zum Inhalt einer **Auflage** (§§ 1940, 2192 BGB – zur Auflage vgl. III.1.g)aa)) zu machen und deren Vollziehung durch einen Vollzugsberechtigten (§ 2194 BGB) abzusichern. Alternativ kann die Erbeinsetzung **auflösend bedingt** erfolgen, für den Fall, dass die Teilungsanordnung nicht durchgeführt wird.

Außerdem ist zu beachten, dass sich durch die Teilungsanordnung die **maßgeblichen Erbquoten** der einzelnen Miterben **nicht wertmäßig verschieben lassen.** Erhält der Begünstigte durch die Teilungsanordnung **mehr**, als ihm nach seiner Erbquote zusteht, so muss er gegenüber den übrigen Erben eine **Ausgleichszahlung** leisten.

Soll ein einzelner Miterbe durch die Zuwendung eines bestimmten Gegenstandes/bestimmter Gegenstände des Nachlasses auch **wertmäßig besonders begünstigt** werden, ist daher eher an die Anordnung eines **Vorausvermächtnisses** (§ 2150 BGB) zu denken. Bei diesem erfolgt die Zuwendung regelmäßig **ohne Anrechnung** auf die **Erbquote**, vgl. III.1.8.f)bb).

Praxishinweis:
Eine Teilungsanordnung **regelt nur die Aufteilung** des Nachlasses unter Anrechnung auf den Erbteil.
Bei einem Vorausvermächtnis erhält der Erbe den Nachlassgegenstand **zusätzlich** zu seinem Erbteil, **ohne Anrechnung** auf den Erbteil.

Steuerlich wird durch die Finanzverwaltung die Teilungsanordnung anerkannt, wenn die Miterben sich bereits **vor der Auseinandersetzung** entsprechend der Teilungsanordnung **verhalten**, solange die tatsächliche Auseinandersetzung innerhalb einer **Frist** vorgenommen wird, deren Bemessung sich an den Umständen des Einzelfalls orientiert[8]. Der BFH hat selbst bei einem **25-monatigen** Zeitraum zwischen Erbfall und Vollzug der Teilungsanordnung die Unternehmensgewinne ab dem Erbfall dem Begünstigten zugeordnet, da sich im Fall die Beteiligten an die Teilungsanordnung hielten[9].

Ob nach Vollzug der Teilungsanordnung die **Buchwerte** auf jeden Fall **unverändert fortgeführt** werden oder eine **etwaige Ausgleichszahlung** als Anschaffungsgeschäft des Begünstigten bilanziell zu berücksichtigen ist, ist **umstritten.** Hier muss eine abschließende Entscheidung durch den BFH abgewartet werden. Bis dahin dürfte die

---

8   BMF, Schreiben v. 14.3.2006 – IV B 2 - S 2242-7/06, BStBl. I 2006, 253 Tz. 67.
9   BFH, Urt. v. 4.5.2000 – IV R 10-99, BStBl. II 2002, 850.

Anordnung eines **Vorausvermächtnisses** (vgl. III1.f)) steuerlich die **rechtssichere Alternative** sein.

dd)   Das Teilungsverbot

Der Erblasser kann die **Auseinandersetzung** des Nachlasses oder einzelner Nachlassgegenstände auch mittels eines sog. *„Teilungsverbotes"* **verbieten oder erschweren** (§ 2044 BGB). Ist im Testament nichts anderes testiert, erlischt das Teilungsverbot nach **dreißig Jahren** (§ 2044 BGB).

Mit dem Teilungsverbot kann der Erblasser versuchen, den Nachlass oder einzelne Nachlassgegenstände (z. B. Immobilien) **ungeteilt zu erhalten**, bzw. deren Auseinandersetzung nur **unter bestimmten Voraussetzungen** zuzulassen. Sind die **Miterben** sich allerdings **einig**, können sie den Nachlass **trotz Teilungsverbot** teilen. Auch der **Tod eines Miterben** lässt die Wirksamkeit eines Teilungsverbotes nach einhelliger Meinung **entfallen**.

d)   Bindung durch gemeinschaftliches Testament oder Erbvertrag?

Durch ein gemeinschaftliches Testament oder eine Erbvertrag kann es für bestimmte Verfügungen zu einer **Bindungswirkung** der Verfügenden kommen (§ 2271 BGB bzw. § 2289 Abs. 1 Satz 2 BGB).

Dies gilt insbesondere für die Einsetzung eines **gemeinschaftlichen Kindes** als **gemeinsamen Schlusserben** in einem Ehegattentestament, wie dies z. B. im sog. *„Berliner Testament"* üblich ist. Diese **Erbeinsetzung** ist regelmäßig **wechselbezüglich** und damit nach dem Tod des vorversterbenden Ehegatten nicht mehr reversibel. Sollte sich das Kind dann als **ungeeigneter Nachfolger** für das elterliche Unternehmen erweisen, gibt es faktisch **kein rechtliches Mittel**, diese Entscheidung noch zu ändern.

Daher ist eine **übermäßige Bindung** des überlebenden Ehegatten in aller Regel eher **schädlich** und **sollte vermieden** werden. Um dennoch eine gemeinschaftliche Regelung im Interesse beider Ehegatten zu finden, könnte daher z. B. dem überlebenden Ehegatten ein **Wahlrecht** unter mehreren potentiellen Nachfolgern eingeräumt werden.

Auch ansonsten sollte die (ggf. im Ergebnis nachteilige) **Bindungs-wirkung** wechselseitiger Verfügungen für die Gestaltung der Unternehmensnachfolge **nicht unterschätzt** werden. Möchten die Ehegatten sicherstellen, dass bestimmte Regelungen bei erstmaligem Erbanfall beachtet werden, bietet sich oftmals die Aufnahme von entsprechenden **Auflagen** in das Testament (vgl. III.1.g)bb)) oder die Einsetzung eines **Testamentsvollstreckers** an.

e)   Wer sollte Erbe werden?

aa)   Wie soll die Auswahl erfolgen?

Soll der Erbe auch **operativer Nachfolger** des Unternehmers werden, steht die Auswahlentscheidung bei Familienunternehmen stets in einem **Spannungsfeld.** Die Frage nach der **fachlichen und charakterlichen Eignung** zum Unternehmer vermischt sich hier regelmäßig mit **emotionalen Aspekten** des Unternehmers als Vater/Mutter, Ehemann/frau, Bruder/Schwester usw. Hinzukommen oftmals (teilweise langjährige) Erwartungshaltungen des familiären Umfelds. Für die Familie, wie auch das Unternehmen, ist es grundsätzlich ideal, wenn die **Auswahl im Konsens** erfolgt, sofern dies möglich ist.

Hilfreich ist es für den verfügenden Unternehmer, die eigenen Erwartungen, die er an seinen Nachfolger stellt, **möglichst abstrakt** zusammenzufassen. Der **schriftliche Entwurf eines klaren Anforderungsprofil** – möglichst ohne, dass bereits der „natürliche" Nachfolger dafür gedanklich Modell steht – kann oft sehr hilfreich und erhellend sein.

Neben Familienangehörigen kommen teilweise auch **familienexterne Dritte**, insbesondere verdiente **Mitarbeiter** als potentielle Nachfolger in Betracht. Neben den damit verbundenen **erbschaftsteuerlichen** Fragen (vgl. VII.1.f.)), müssen auch in einem solchen Fall stets die **grund-**

sätzlichen Anforderungen für eine erfolgreiche Unternehmensführung bedacht werden. Nicht jeder gute Werksleiter ist auch zugleich ein guter Unternehmer/geschäftsführender Gesellschafter.

Grundsätzlich kann der Erblasser die Bestimmung des Erben **nicht auf einen Dritten delegieren** (§ 2065 Abs. 2 BGB) – vgl. III.1.b)). Erfolgt die Übertragung des Unternehmens/der Unternehmensbeteiligung durch Zuwendung eines **Vermächtnisses**, bestehen größere Spielräume (§ 2151 Abs. 1 BGB), vgl. III.1.8.f)cc).

Bei Übertragung eines **Einzelunternehmens** dürfte allerdings regelmäßig die **Einsetzung des Nachfolgers als Alleinerbe** sinnvoll sein (vgl. III.2.c)).

bb) Minderjährige als Erben/Nachfolger?

Gerade bei einem zum Eintritt des Erbfalls noch **minderjährigen Erben** kann eine **zeitlich befristete Dauertestamentsvollstreckung** (vgl. V.2.) den Zeitraum bis zur Volljährigkeit bzw. ggf. auch bis zum Abschluss einer qualifizierenden Ausbildung überbrücken helfen. Beim **Einzelunternehmen** und den Anteilen der **persönlich haftenden Gesellschafter** ist dies jedoch nur mit Umgehungskonstruktionen möglich (vgl. V.3.b.aa) und bb)).

f) Ist die Anordnung eines Vermächtnisses sinnvoll?

aa) Wie unterscheidet sich das Vermächtnis von der Erbeinsetzung?

Von der **Erbeinsetzung** ist die Zuwendung eines **Vermächtnisses** zu unterscheiden. Mittels Vermächtnisses kann der Erblasser jemandem einen **Vermögensvorteil** zuwenden (dem *„Vermächtnisnehmer"*), ohne diese Person als Erbe einzusetzen (§ 1939 BGB).

Das Vermächtnis besteht **losgelöst von der sonstigen Erbfolge** und hat auf diese grundsätzlich **keinen Einfluss**. Der Vermächtnisnehmer wird **nicht Erbe**, er wird **nicht Teil der Erbengemeinschaft**, falls es mehrere Erben geben sollte. Vielmehr erhält ein Vermächtnisnehmer nur einen **schuldrechtlichen Anspruch** im Erbfall gegen den durch das Vermächtnis Beschwerten (= Verpflichteten) auf Herausgabe eines bestimmten Gegenstands oder Geldsumme aus dem Nachlass (§ 2174 BGB). **Beschwerter** kann ein Erbe/können alle Erben zusammen sein oder ein (anderer) Vermächtnisnehmer. Wird durch den Erblasser nicht etwas anderes bestimmt, ist der Erbe bzw. sind die **Erben beschwert** (§ 2147 BGB).

Für den Fall, dass der Vermächtnisnehmer das ihm zugedachte Vermächtnis nicht annehmen kann (beispielsweise durch Vorversterben) oder möchte (Ausschlagung des Vermächtnisses), kann der Erblasser nach § 2190 BGB einen **Ersatzvermächtnisnehmer** bestimmen.

bb)   Welche Formen des Vermächtnisses gibt es?

Mögliche Formen des Vermächtnisses sind

* **Untervermächtnis (§ 2191 Abs. 1 BGB)**
  Durch das Untervermächtnisses wird der Vermächtnisnehmer aufschiebend bedingt oder befristet beschwert.
  Eine Variante des Untervermächtnisses ist das **Vor- und Nachvermächtnis**. Dieses ist mit der Anordnung einer Vor- und Nacherbfolge (§§ 2100 ff. BGB) vergleichbar. Allerdings unterscheiden sich beide Rechtsinstitute deutlich. Zwar sind die für die Einsetzung eines Nacherben geltenden Vorschriften auch auf den **Nachvermächtnisnehmer** anwendbar (§ 2191 Abs. 2 BGB), jedoch steht dem Nachvermächtnisnehmer lediglich ein **schuldrechtlicher Anspruch** zu, der noch im Wege eines gesonderten Rechtsgeschäfts zu erfüllen ist. Dagegen wird der Nacherbe ab einem bestimmten Zeitpunkt **dinglich Berechtigter** an dem Nachlas. Auch die bei der Vor- und Nacherbfolge gesetzlich angeordnete dingliche Surrogation für Nachlassgegenstände (§ 2211 BGB) gilt nicht für das Nachvermächtnis.
* Dagegen kann das **Nachvermächtnis auf einzelne Nachlassgegenstände begrenzt** werden. So können bestimmte Gegenstände (z. B. eine Immobilie) in der **Generationenfolge** gehalten werden.

In der Praxis dient die Anordnung des Nachvermächtnisses teilweise dem Zweck, den Vermächtnisgegenstand der Erbfolge zu entziehen. Dies ist insbesondere bei einem **Geschiedenentestament** der Fall. Weitere Ausprägungen des Untervermächtnisses sind das sog. „**Behindertentestament**" und Verfügungen **zugunsten überschuldeter Kinder.**

- **Verschaffungsvermächtnis (§ 2169 BGB)**
  Mit dem **Verschaffungsvermächtnis** wendet der Erblasser einer Person einen Gegenstand zu, der **nicht zum Nachlass gehört.** Der durch das Vermächtnis beschwerte muss also den Gegenstand **zunächst beschaffen.** Dabei wird die Beschaffung des Gegenstands durch Erlöse des Nachlasses finanziert. Der Erblasser muss wissen, dass ihm der Gegenstand zum Zeitpunkt des Erbfalls nicht gehört. Ansonsten ist die Verfügung unwirksam. Auch darf die Verschaffung des vermachten Gegenstandes nicht objektiv unmöglich sein.s
  Ist die Verschaffung des Gegenstandes nur dem durch das Vermächtnis Beschwerten unmöglich, muss dieser stattdessen dem Vermächtnisnehmer den **objektiven Verkehrswert** des Gegenstandes auszahlen.

> **Praxishinweis:**
> Eine **erbschaftsteuerlich begünstigte Übertragung** von Betriebsvermögen (§§ 13a, 13b ErbStG) kann für ein Verschaffungsvermächtnis **nicht** gewährt werden. Denn hier stammt das erworbene Vermögen **nicht direkt vom Erblasser** (R E 13b.1 Abs. 2 ErbStR).

- **Universalvermächtnis**
  Mit einem Universalvermächtnis kann der Erblasser den **gesamten Nachlass** als Vermächtnis zuwenden, so dass im Übrigen die gesetzliche Erbfolge eintritt. Dies muss der Erblasser **ausdrücklich im Testament** als Vermächtniseinsetzung anordnen. Ansonsten wird eine solche Zuwendung von Gesetzes wegen **als Erbeinsetzung ausgelegt** (§ 2087 Abs. 1 BGB). Wie bei jedem Vermächtnis ist auch hier die **Bestimmung** des Begünstigten **durch einen Dritten** möglich (§ 2151 BGB). Nach herrschender Ansicht muss der Vermächtnis-

nehmer beim Universalvermächtnis – im Gegensatz zum „normalen" Vermächtnis – **auch die Nachlassverbindlichkeiten** tragen (§§ 2378, 2385 BGB analog). Das Universalvermächtnis bietet sich zur **gesonderten Übertragung des Unternehmens an.**

- **Wahlvermächtnis (§ 2154 BGB)**
  Der **Erbe** kann hier selbst entscheiden, **welchen Vermögensgegenstand** er an den Vermächtnisnehmer überträgt. Das **Wahlrecht** kann aber durch den **Erblasser eingeschränkt** werden. So kann er z.b. festlegen, dass die zu übergebende Sache einen bestimmten Mindestwert hat.

- **Gattungsvermächtnis (§ 2155 BGB)**
  Der Erblasser bestimmt hier lediglich, **welcher Gattung** die vermachte Sache angehören soll. So kann er beispielsweise verfügen, dass „eine Eigentumswohnung" an den Vermächtnisnehmer übergehen soll. Der Ansatz erfolgt ebenfalls mit dem gemeinen Wert.

- **Zweckvermächtnis (§ 2156 BGB)**
  Der Erblasser bestimmt bei Anordnung des Vermächtnisses auch ausdrücklich dessen **Zweck,** wobei die Bestimmung der Leistung dem **billigen Ermessen** des Beschwerten oder eines Dritten – jedoch nicht dem Begünstigten selbst – überlassen wird (§ 2156 BGB). Für das billige Ermessen des Beschwerten oder Dritten bei der Auswahl des Vermächtnisgegenstandes müssen durch den verfügenden Erblasser **ausreichend Anhaltspunkte** (z.B. Ermöglichung einer Ausbildung/Studium oder Versorgung) vorgegeben werden. Mit der Bestimmungsbefugnis kann auch das Recht verbunden sein, innerhalb eines vorgegebenen Personenkreises den Vermächtnisnehmer zu bestimmen (§ 2151 BGB).

- Eine Variante des Zweckvermächtnis ist das sog. *„Supervermächtnis",* in welchem der **Alleinerbe eigenständig** entscheiden darf, wer ein Vermächtnis in welcher Höhe bekommen soll. Dieses Vermächtnis ist **extrem flexibel** und dient primär der **erbschaftsteuerlichen Optimierung.** Da nach wie vor die Grenzen der rechtlichen Wirksamkeit des Supervermächtnisses **nicht abschließend geklärt** sind, sollte hier auf jeden Fall **fachlicher Rat** eingeholt werden.

- **Vorausvermächtnis (§ 2150 BGB)**
  Hier ist der Vermächtnisnehmer zugleich **auch Erbe**. Auf diese Weise kann der Erbe über **seinen eigentlichen Erbteil hinaus begünstigt** werden. Das Vorausvermächtnis ist insofern stets von der Teilungsanordnung (vgl. III.1.c)cc)) abzugrenzen.

- **Kaufrechtsvermächtnis**
  Dadurch erhält der Vermächtnisnehmer das Recht, dem Erben einen Vermögensgegenstand **zu einem festgelegten Preis** abzukaufen. Die Bewertung des Erwerbs iSd. § 10 Abs. 1 Satz 1 ErbStG erfolgt für Zwecke der Erbschaftsteuer mit dem **gemeinen Wert** des Gegenstandes, gemindert um die an den Erben gezahlte Gegenleistung in Bar- oder Sachwerten.

- **Nießbrauchsvermächtnis**
  Danach erhält der Vermächtnisnehmer ein **Nießbrauchsrecht** an einem Gegenstand/Gegenständen des Nachlasses. Der Vermächtnisnehmer darf so z.B. eine im Eigentum des Erben stehende **Immobilie lebenslang** nutzen. Die Bewertung dieses Vermögensvorteils richtet sich nach den §§ 14–16 BewG, der so kapitalisierte Nutzungsvorteil ist nach § 10 Abs. 5 Nr. 2 ErbStG von der Bereicherung des Erben abzuziehen und beim Vermächtnisnehmer in entsprechender Höhe zu besteuern.

cc)   Wann ist ein Vermächtnis sinnvoll, wann gefährlich?

Das **Vermächtnis** unterliegt nach dem Gesetz **weniger Einschränkungen** als die Erbeinsetzung. Damit bietet es **mehr Raum für Gestaltungen**. Mit dem Vermächtnis können bestimmte zum Nachlass **gehörende Vermögenswerte einer Person** gezielt zugewendet werden – insbesondere **ohne** eine entsprechende **Auseinandersetzung** einer Erbengemeinschaft.

Auf diese Weise kann gerade in **Patchwork-Familien** vermieden werden, dass Personen, die sich ansonsten aus familiären Gründen gerne aus dem Weg gehen (z.B. Ehefrau und Exfrau; Kinder aus erster und zweiter Ehe), **gezwungen** sind, in einer **Erbengemeinschaft** gemeinsame Entscheidungen zu treffen.

Im Gegensatz zur **Bestimmung des Erben,** die der Erblasser grundsätzlich **stets persönlich** vornehmen muss (§ 2065 BGB), kann die **Bestimmung des Vermächtnisnehmers** aus einem vom Erblasser hinreichend bestimmt **festgelegten Kreis** auch einer anderen Person (z. B. Erbe, Testamentsvollstrecker usw.) überlassen werden (§ 2151 BGB). Dies kann sich auch (als Universalvermächtnis) auf **sein ganzes** oder einen Großteil seines **Vermögens** beziehen. So kann der Erblasser anerkanntermaßen einer durch einen Dritten ausgewählten Person sein **Unternehmen,** das den gesamten Nachlass ausmacht, zuwenden, ohne dass darin eine Umgehung des § 2065 Abs. 2 BGB zu sehen ist.[10]

Eine **gerichtliche Überprüfung** der Bestimmung findet grundsätzlich nicht statt, außer in Fällen der **Arglist** oder bei einem Verstoß gegen die **guten Sitten** (§ 138 BGB). Dies kann bspw. anzunehmen sein, wenn der Bestimmungsberechtigte seinen todkranken Ehegatten, dessen Alleinerbe er ist, auswählt, den der Erblasser gerade nicht als Begünstigten wollte.

Praxishinweis:
Durch die Anordnung eines Vermächtnisses kann es zu einer **Zerstückelung des Betriebsvermögens** kommen. Dies kann zum einen im Hinblick auf die Inanspruchnahme der **erbschaftsteuerlichen Begünstigungen** der §§ 13a, 13b ErbStG schädlich sein (vgl. VII.1.d)). Zum anderen kann es auch ertragsteuerlich zu fatalen Konsequenzen führen, wenn Miterben Wirtschaftsgüter erhalten, die zivilrechtlich nicht zum Unternehmen gehören, jedoch steuerlich diesem (als sog. „Sonderbetriebsvermögen" bzw. im Falle einer sog. „Betriebsaufspaltung") zugerechnet werden, da insoweit stille Reserven zwangsaufgedeckt werden können (vgl. VIII.2.).

---

10 BayObLG Beschl. v. 2.2.1996 – 1Z BR 146/95, FamRZ 1996, 1036 ff.

g) Alternativen zum Vermächtnis

Als Alternativen zum Vermächtnis bieten sich insbesondere zwei weitere Gestaltungsoptionen an:

aa) Die Teilungsanordnung

Die **Teilungsanordnung** wurde bereits oben, vgl. III.1.c)dd), dargestellt. Bei dieser handelt es sich stets um eine Anordnung zur **Aufteilung des Nachlasses** bzw. Zuteilung einzelner Nachlassgegenstände zwischen den Erben **unter Anrechnung** auf die jeweilige Erbquote. Im Gegensatz zum Vermächtnis setzt damit die Teilungsanordnung die **Erbenstellung** voraus. Soll der Begünstigte **nicht (Mit-)Erbe** werden, so bleibt regelmäßig **nur das Vermächtnis** als Gestaltungsoption übrig.

bb) Die Auflage

Im Gegensatz zum Vermächtnis wird bei der **Auflage** der Erbe oder Vermächtnisnehmer **zu einer Leistung verpflichtet**, ohne dass ihm dadurch ein Leistungsanspruch zusteht (§§ 1940, 2192 ff. BGB). Die Auflage kann **mit einer Bedingung verbunden** werden. Auflagen können als Sach- oder Geldleistungen für einen bestimmten Personenkreis oder zweckgebunden angeordnet werden.

In der Praxis werden Auflagen oftmals im Hinblick auf die **Beisetzung des Erblassers** angeordnet, indem z.B. ein Erbe zur Durchführung der Grabpflege oder Vornahme der Grabgestaltung verpflichtet wird.

Durch eine Auflage kann aber z.B. auch zur Regelung der Unternehmensnachfolge festgelegt werden, dass das **Unternehmen fortzuführen** ist. Die Erfüllung der Auflage kann insofern auch als **Bedingung**, z.B. bzgl. eines Vorausvermächtnisses für den so verpflichteten Erben, ausgestaltet werden.

Verstößt eine Auflage gegen die **guten Sitten** (§ 138 BGB) oder ist auf ein objektiv **unmögliches oder verbotenes Tun oder Unterlassen** gerichtet, ist sie **unwirksam**.

2. Was muss der Einzelunternehmer testamentarisch regeln?

Wie bereits gezeigt (vgl. II.4.a)) besitzt das **Einzelunternehmen keine eigenständige** Rechtspersönlichkeit.

a) Wann ist ein Unternehmertestament erforderlich?

Existiert kein Testament oder Erbvertrag und greift die **gesetzliche Erbfolge**, fällt das Einzelunternehmen in den Nachlass. Bei **zwei oder mehr** gesetzlichen Erben wird damit eine **Erbengemeinschaft** (Gesamthands-)Eigentümer des Unternehmens. Es entsteht nicht etwa eine Personengesellschaft mit den einzelnen Erben als Gesellschaftern. Vielmehr muss die Erbengemeinschaft das Unternehmen **gemeinsam fortsetzen** oder zwischen den Erben aufteilen. Beides dürfte in der Praxis mit zahlreichen Problemen verbunden sein.

Damit ist die Abfassung eines Testaments oder Erbvertrages durch den Einzelunternehmer regelmäßig empfehlenswert bis zwingend.

Sollen **mehrere Personen** das (Einzel-)unternehmen nach dem Erbfall fortführen, ist es regelmäßig sinnvoll spätestens im Rahmen des Testamentes oder Erbvertrages die **Gründung einer Personengesellschaft oder GmbH** anzuordnen und ggf. gleich den **Gesellschaftsvertrag** vorzugeben.

Auch die testamentarische Anordnung der **Testamentsvollstreckung** kann in bestimmten Fällen ratsam sein. Allerdings ist die Fortführung des Unternehmens durch den Testamentsvollstrecker **rechtlich nicht möglich**, da dieser keine Verbindlichkeiten für die Erben begründen kann. Insofern muss auf alternative Gestaltungen, namentlich die sog. *„Vollmachtlösung"* oder *„Treuhandlösung"*, zurückgegriffen werden – vgl. V.3.c).

b) Müssen sonstige Beschränkungen beachtet werden?

Für viele Branchen existieren **berufsrechtliche Beschränkungen**. Für zahlreiche sog. freie Berufe, wie z. B. Ärzte, Rechtsanwälte, Architekten ergeben sich Beschränkungen aus den **berufsständischen Vorschriften**, die bei der Auswahl des Nachfolgers zu beachten sind. Auch aus der **Handwerksordnung** und **Gewerbeordnung** folgen Zugangsbeschränkungen, die eine Fortführung von Unternehmen durch nicht entsprechend qualifizierte Erben verhindern. Diese Beschränkungen sind selbstverständlich auch bei entsprechend tätigen **Gesellschaften** zu beachten!

c) Wie soll das Einzelunternehmen übertragen werden?

aa) Übertragung durch Vermächtnis?

Soll das Einzelunternehmen auf einen **Einzelnachfolger** übertragen werden, kommt grundsätzlich ein **Vermächtnis** bezogen auf das Unternehmensvermögen in Betracht, während das restliche (private) Vermögen des Einzelunternehmens in den Nachlass fällt und so auf die (sonstigen) Erben übergeht. Allerdings bringt die Übertragung des Einzelunternehmens per **Vermächtnis** zahlreiche, erhebliche **Schwierigkeiten** mit sich.

Dazu gehören insbesondere:

- Die vermächtnisweise Übertragung erfordert eine **genaue Beschreibung** sämtlicher zum Unternehmen gehörender **Vermögensgegenstände**. Es muss also **genau und erschöpfend** das private vom unternehmerischen Vermögen abgegrenzt werden.
- **Sämtliche** zum Unternehmen gehörenden Vermögenswerte müssen im **Wege der Einzelrechtsübertragung** nach dem Erbfall von den Erben auf den Vermächtnisnehmer übertragen werden.

- Werden **Verbindlichkeiten und Vertragsverhältnisse** übertragen, erfordert dies die Zustimmung des jeweiligen Gläubigers bzw. Vertragspartners.

In aller Regel dürfte es daher vorzugswürdig sein, das Einzelunternehmen an den auserkorenen Nachfolger als **testamentarischen Alleinerben** per Erbeinsetzung zu übertragen und das restliche (private) Vermögen per Vermächtnis an die sonstigen Begünstigten auszusondern.

bb) Formulierungsbeispiel für das Testament des Einzelunternehmers

Sachverhalt:
Erwin Emmerich (E) ist mit Frederike Emmerich (F) verheiratet. E betreut als Facility Manager (Hausmeisterservice Emmerich e. K.) zahlreiche gewerbliche Immobilien in München. Er hat zwei Söhne, Ullrich (U) und Viktor (V). Sein Sohn U arbeitet bereits seit etlichen Jahren im Unternehmen mit. V lebt in Moers und betreibt dort eine Töpferei.

Lösung:
Auszug aus dem Testament des Erwin Emmerich – Formulierungsbeispiel[11]

„*§ 1   Erbeinsetzung*
1.1.   Hiermit setze ich meinen Sohn Ullrich Emmerich zu meinem Alleinerben ein.
1.2.   In die Fortführung der Firma meines in München unter der Firma Hausmeisterservice Emmerich e. K. betriebenen einzelkaufmännischen Unternehmens durch den Erben, mit oder ohne Beifügung eines das Nachfolgeverhältnis andeutenden Zusatzes, willige ich hiermit ausdrücklich ein.

---

11   Formulierungsvorschlag angelehnt an Johansson in: Beck'sches Formularbuch Erbrecht, Formular G V 7.

§ 2   *Vermächtnisse*

2.1.   Meiner Ehefrau Frederike Emmerich wende ich als Vermächtnis zu:

a)   meinen hälftigen Miteigentumsanteil an dem Grundstück in der Forst-Kasten-Allee Nr. 123, 81475 München eingetragen im Grundbuch des Amtsgerichts München [usw.] einschließlich des darauf stehenden Einfamilienhauses, des Hausrats und meiner persönlichen Habe; und

b)   meine Guthaben auf Bankkonten einschließlich meiner Sparbücher, mit Ausnahme der zu meinem einzelkaufmännischen Unternehmen gehörenden betrieblichen Bankkonten: [Angabe Kontodetails].

2.2.   Meinem Sohn Viktor Emmerich wende ich als Vermächtnis zu:

a)   meinen Porsche 944 Turbo, amtl. Kennzeichen M-EE 3232 und

b)   einen Geldbetrag iHv EUR 50.000,00. Dieser Geldbetrag darf ausschließlich zur Pflege und Wartung des Porsche 944 Turbo verwendet werden."

3.   Was muss der Gesellschafter einer Personengesellschaft testamentarisch regeln?

Wie bereits dargestellt (vgl. II.5.e) bis h)), sollte bei einer Personengesellschaft der entsprechende **Gesellschaftsvertrag** bereits Regelungen zur Übertragung im Erbfall enthalten. Dabei sind verschiedene Szenarien zu unterscheiden.

a) Es existiert eine rechtsgeschäftliche Nachfolgeklausel oder Eintrittsklausel

Für den Fall, dass der Gesellschafter bereits im Wege einer **rechtsgeschäftlichen Nachfolgeklausel** über seinen Anteil an der Personengesellschaft verfügt hat bzw. mit der **Eintrittsklausel** seinem designierten Nachfolger die Option zum Eintritt in die Gesellschaft gegeben hat (vgl. III.3.a.)), ist die Übertragung des vorliegend maßgeblichen Unternehmensvermögens bereits **anderweitig geregelt.**

Eine diesbezügliche **testamentarische Verfügung** würde daher **ins Leere laufen** bzw. das bereits Vereinbarte konterkarieren. In diesen Fällen kann sich daher der Unternehmer im Testament auf die **Übertragung seiner sonstigen Vermögensgegenstände** und primär die Regelung seines privaten Nachlasses konzentrieren.

b) Gesellschaftsvertrag enthält einfache erbrechtliche Klausel

Bei Bestehen einer **einfachen erbrechtlichen Klausel** (vgl. II.5.g)) ist der Inhalt des Unternehmertestamentes absolut entscheidend. Denn **erst im Testament** wird aus dem Kreis der laut Gesellschaftsvertrag grundsätzlich Berechtigten der **tatsächliche Nachfolger** benannt. Geschieht dies **nicht,** so kann dies die ordnungsgemäße Fortführung der Gesellschaft **massiv beeinträchtigen.**

c) Gesellschaftsvertrag enthält qualifizierte erbrechtliche Klausel

Wird durch den Gesellschaftsvertrag bereits der **Nachfolger explizit benannt** bzw. die Benennung der **übrigen Gesellschafter** oder einem **Dritten ermöglicht**, so kann diese Regelung nur funktionieren, wenn der als Nachfolger Berechtigte auch **erbrechtlich** diese Position innehat. Wird der im Gesellschaftsvertrag benannte Nachfolger nicht Erbe bzw.

erhält ein dahingehendes Vermächtnis, so fällt die gesellschaftsrechtliche und die erbrechtliche Berechtigung zur Nachfolge **auseinander.** In diesem Fall kann nach der Rechtsprechung die missglückte qualifizierte Nachfolgeklausel in eine **Eintrittsklausel** umgedeutet werden (§ 140 BGB).[12] Dies dürfte jedoch in aller Regel nicht das Ziel der Beteiligten gewesen sein.

d)   Steuerliche Risiken identifizieren und adressieren

Vor der Errichtung des Unternehmertestaments sollte die **steuerliche Struktur des Unternehmens** im Detail und unter Einbeziehung der steuerlichen Berater analysiert werden. Insbesondere ist zu fragen:

* Besteht sog. *„Verwaltungsvermögen"* bzw. sog. *„Sonderbetriebsvermögen"* oder liegt eine sog. *„Betriebsaufspaltung"* vor (vgl. VIII.2.)?

4.   Was muss der Gesellschafter einer GmbH ergänzend testamentarisch regeln?

a)   Inhalt des Unternehmertestaments

Soll ein **GmbH-Anteil** vererbt werden, muss die ansonsten für die Übertragung eines Geschäftsanteils erforderliche notarielle Form (§ 15 Abs. 3, 4 GmbHG) nicht eingehalten werden. Vielmehr ist ein **eigenhändiges (handschriftliches) Testament** ausreichend.

Wie oben gezeigt (vgl. II.6.b)), wird regelmäßig die **Satzung der GmbH selbst** Regelungen zum Erbfall enthalten. Daher ist darauf zu

---

12   BGH, Urt. v. 10.2.1977 – II ZR 120/75, BGHZ 68, 225.

achten, dass die im Testament oder Erbvertrag enthaltenen Regelungen zur Übertragung des GmbH-Anteils mit den gesellschaftsvertraglichen **synchron** sind.

b) Steuerliche Risiken identifizieren und adressieren

Bei der Verfügung von Todes wegen über Anteile an einer Kapitalgesellschaft sind stets auch die entsprechenden **steuerlichen Vorgaben** zu beachten.

Praxishinweis:

Eine **erbschaftsteuerlich privilegierte Übertragung** des Anteils als begünstigtes Vermögen iSd § 13b Abs. 1 Nr. 3 ErbStG ist z. B. nur möglich, wenn der Erblasser zum Zeitpunkt der Übertragung zu **mehr als 25 % des Nennkapitals** an der Gesellschaft beteiligt war. Eine **schrittweise Übertragung in Tranchen**, welche die relevante Beteiligung auf eine niedrigere Beteiligung abschmilzt, sollte daher vermieden werden (vgl. VII.1.b)).

IV. Was muss hinsichtlich möglicher Pflichtteilsansprüche beachtet und geregelt werden?

1. Was ist der gesetzliche Pflichtteil?

Grundsätzlich ist die Testierfreiheit des Erblassers verfassungsrechtlich durch Artikel 14 Abs. 1 GG garantiert. Der Erblasser hat daher die **freie Wahl,** wem er sein Vermögen überlassen möchte, und wem er von der Überlassung ausschließen will. Daher kann er grundsätzlich auch **direkte Verwandte,** wie zum Beispiel die eigenen Kinder oder den Ehegatten als Erben **ausschließen.** Diese **nächsten Angehörigen** (das umfasst die sog. *„Abkömmlinge",* also Kinder, Enkel, Urenkel, die Eltern sowie den Ehegatten) können dann aber in der Regel ihren sog. *„Pflichtteil"* einfordern (§ 2303 BGB).

Die Voraussetzungen für die **zusätzliche Entziehung** des **Pflichtteils** sind **sehr hoch** und kommen allgemein nur bei Straftaten des Pflichtteilsberechtigten gegen Leib und Leben des Erblassers u.ä. in Betracht (§§ 2333 ff. BGB).

Der **Pflichtteilsanspruch entsteht** erst mit dem Erbfall (§ 2317 Abs. 1 BGB). Davor besteht ein Pflichtteilsrecht, welches mit einem Anwartschaftsrecht vergleichbar ist. Der Pflichtteilsanspruch beträgt **„die Hälfte des Wertes"** des **gesetzlichen Erbteils** (§ 2303 Abs. 1 Satz 2 BGB). Es handelt sich um einen **reinen Zahlungsanspruch in Geld** gegenüber dem/den Erben. Gibt es mehrere Erben, so haften diese als **Gesamtschuldner** (§ 2058 BGB).

Da sich das Pflichtteilsrecht nach dem **gesetzlichen Erbrecht** richtet, gilt auch das **Ordnungsprinzip** nach § 1930, §§ 1924 ff. BGB. Ein Verwandter ist damit nicht zur Erbfolge berufen, solange ein Verwandter einer vorhergehenden Ordnung noch vorhanden ist. Konkret bedeutet dies, dass z. B. die **Kinder** des Erblassers als Erben erster Ordnung (§ 1924 Abs. 1 BGB), dessen **Eltern** als Erben zweiter Ordnung (§ 1925 Abs. 1 BGB) als Pflichtteilsberechtigte ausschließen.

Der **Pflichtteilsberechtigte** kann neben dem Anspruch auf den Pflichtteil auch **Auskunft** über den Bestand des Nachlasses verlangen (§ 2314 BGB). Bei (ggf.) *„beeinträchtigenden Schenkungen"* (dazu sogleich unter Ziffer 12.c)) an Dritte besteht ein sog. *„Pflichtteilsergänzungsanspruch"* (§§ 2325, 2329 BGB). Wurde der Pflichtteilsberechtigte mit einem **Erbteil** bedacht, der hinter der Höhe des Pflichtteils zurückbleibt, so steht ihm ein sog. *„Pflichtteilsrestanspruch"* zu (§§ 2305, 2307 Abs. 1 Satz 2 BGB).

Der Pflichtteilsanspruch unterliegt der **Verjährung** (§ 2332 BGB). Die Verjährungsfrist beträgt **drei Jahre** und beginnt mit dem Schluss des Kalenderjahres, in dem der Pflichtteilsanspruch entstanden ist und der Pflichtteilsberechtigte davon Kenntnis hatte (§ 195 BGB). Erlangt der Pflichtteilsberechtigte **keine Kenntnis** vom Entstehen seines Anspruchs, kann die Verjährung **bis zu 30 Jahre** betragen.

> **Beispiel:**
> Will der im Güterstand der **Zugewinngemeinschaft** verheiratete Erblasser eines seiner beiden Kinder im Hinblick auf die Regelung der Unternehmensnachfolge von der Erbfolge ausschließen, so besitzt das betroffene Kind einen Pflichtteilsanspruch in **Höhe von 1/8** (= Hälfte der gesetzlichen Erbquote von ¼) des gesamten Nachlasses. Da es sich bei dem Pflichtteilsanspruch um einen **Zahlungsanspruch** des Berechtigten gegenüber dem Erben handelt, kann dies zu einem massiven Abfluss liquider Mittel bzw. im schlechtesten Fall zu einem **Liquiditätsengpass** führen, der durch den Verkauf von Teilen des Nachlasses, d.h. im Zweifel durch Unternehmensvermögen, kompensiert werden muss.

2. Welche Möglichkeiten zur Vermeidung oder Reduktion des Pflichtteils gibt es?

a) Kann der Pflichtteilsberechtigte anderweitig kompensiert werden?

Soll ein Berechtigter nicht Erbe werden, ist die Kompensation des etwaigen Pflichtteilsanspruchs durch die **vermächtnisweise Zuwendung** von Vermögensgegenständen des **Privatvermögens** eine (zumindest theoretische) Option. Soweit möglich, kann dadurch ein **Liquiditätsabfluss** aus dem Unternehmen **vermieden** werden.

> **Praxishinweis:**
> Bei den Vermächtnisgegenständen darf es sich **nicht** um **Teile des steuerlichen Betriebsvermögens** (Sonderbetriebsvermögen I bzw. von einer Betriebsaufspaltung erfasste Wirtschaftsgüter) handeln. Ansonsten kann es regelmäßig zu erheblichen, sehr **negativen erbschaft- und ertragsteuerlichen Konsequenzen** kommen (vgl. VIII. 2. b) und c)).

b) Kann der Pflichtteilsanspruchs durch Schenkung verringert werden?

Die in der Praxis am häufigsten praktizierte Maßnahme zur Pflichtteilsreduzierung ist die **Schenkung an Dritte zu Lebzeiten**, um so den **Nachlass** selbst **zu reduzieren**.

Zu beachten ist hier, dass Schenkungen nur **zeitlich gestaffelt** bei der Berechnung des Pflichtteilsanspruchs beachtet werden. Erfolgt die Schenkung im **Jahr des Erbfalles** oder im **Jahr vor dem Erbfall** wird diese bei der Ermittlung des pflichtteilsrelevanten Nachlasses noch **zu 100 %** berücksichtigt (§ 2325 Abs. 1, 3 BGB). Für **jedes weitere Jahr vor**

dem Erbfall reduziert sich dieser Betrag um **10 %**. Erst mit Ablauf von **10 Jahren** nach dem Erbfall mindert die Schenkung den maßgeblichen Wert des Nachlasses für die Ermittlung des Pflichtteilsergänzungsanspruches damit um **100 %!**

Eine Möglichkeit zur Reduktion der Pflichtteilsansprüche ist bei einer **Personengesellschaft** die Vereinbarung einer **rechtsgeschäftlichen Nachfolgeklausel** (vgl. II.5.e)). Es handelt sich rechtlich um eine **auf den Todesfall aufschiebend bedingte** (§ 158 Abs. 1 BGB) **Abtretung**, d.h. Übertragung des Gesellschaftsanteils (§§ 413, 398 BGB). Der so bereits abgetretene Gesellschaftsanteil ist **nicht mehr Bestandteil des Nachlasses.**

Praxishinweis:

In der Praxis üblich ist eine Schenkung der Gesellschaftsanteile oder auch Immobilien unter Vorbehalt eines **Nießbrauchs** (§§ 1030 ff. BGB). Auch der Rückhalt eines lebenslangen Wohnrechts ist bei Immobilien gängig. Nach der Rechtsprechung setzt jedoch nur die **vollständige Ausgliederung** aus dem Vermögen des Schenkers die **10-Jahres-Frist** des § 2325 BGB in Gang. Dies ist nicht der Fall, wenn sich der Schenker mittels Nießbrauchs, Wohnrecht usw. eine eigentumsgleiche **Nutzungsbefugnis weiter vorbehält**. Gleiches gilt auch für im Schenkungsvertrag vereinbarte **Rückforderungsrechte** des Schenkers.

→ Nur eine vollständige, vorbehaltlose Weggabe löst damit die zehnjährige Frist aus.

Bei **Schenkungen an Ehegatten** beginnt die 10-Jahres-Frist erst dann zu laufen, wenn die **Ehe aufgelöst** wird, also spätestens mit dem Erbfall (§ 2325 Abs. 3 Satz 3 BGB). Auch sog. *„ehebedingte Zuwendungen"* – dabei handelt es sich um Vermögensübertragungen zwischen Ehepartnern, die der Sicherung oder Ausgestaltung der Ehe dienen – werden bei der **Berechnung des Pflichtteils berücksichtigt**, wenn man nicht ausnahmsweise eine „Entgeltlichkeit" nachweisen kann oder die Zuwendung der angemessenen Altersversorgung dient.

---

c) Kann der Pflichtteilsanspruch durch einen Abfindungsausschluss reduziert werden?

Eine Regelung im **Gesellschaftsvertrag einer Personengesellschaft**, die beim Tod eines Gesellschafters einer Personengesellschaft die **Fortsetzung der Gesellschaft** unter den **verbleibenden Mitgesellschaftern** vorsieht (was zur **Anwachsung** des Anteils des verstorbenen Gesellschafters bei den übrigen Gesellschaftern führt) unter gleichzeitigem Ausschluss der Abfindungsansprüche **aller** Erben, stellt grundsätzlich – vorbehaltlich einer Einzelfallprüfung – keine unentgeltliche Zuwendung und damit **keine** pflichtteilsrelevante **Schenkung iSv § 2325 Abs. 1 BGB** an die verbleibenden Gesellschafter dar[13]. Denn **Zweck** einer solchen Regelung sei regelmäßig nicht, den verbleibenden Gesellschaftern unentgeltlich etwas zuzuwenden, sondern die **wirtschaftliche Bestandssicherung** der Gesellschaft. Im Ergebnis kann so der **Anteil** an einer Personengesellschaft dem **Zugriff des Pflichtteilsberechtigten** entzogen werden.

Dabei ist jedoch **zu beachten**, dass nach überwiegender Meinung eine Schenkung zugunsten der übrigen Gesellschafter vorliegt und damit der **Pflichtteilsergänzungsanspruch** zur Anwendung kommt, wenn der Abfindungsausschluss **nur** für den Fall des **Todes** eines bestimmten einzelnen Gesellschafters gilt. Für eine aus **zwei Gesellschaftern** (Ehegatten) bestehende vermögensverwaltende GbR, in welcher beim Tod des einen Gesellschafters dessen Gesellschaftsanteil beim überlebenden Gesellschafter unter Ausschluss eines Abfindungsanspruchs anwächst, hat der BGH[14] im Rahmen einer Einzelfallprüfung z. B. in einer neueren Entscheidung eine pflichtteilsrelevante Schenkung angenommen, so dass die Grundsätze des § 2325 BGB zur Anwendung kommen.

---

13   BGH, Urt. v. 26.3.1981 – IVa ZR 154/80, DB 1981, 1514 ff.
14   BGH, Urt. v. 3.6.2020 – IV ZR 16/19, DB 2020, 1450 ff. – die Details des Falles waren sehr speziell: Zweck der GbR war z.B. allein die Wahrnehmung der Eigentümerposition von selbstgenutzten bzw. zu nicht marktgerechtem Mietzins an Angehörige vermietete Wohnungen.

Damit ist in der Personengesellschaft der Abfindungsausschluss **kein pauschales Allheilmittel**, um missliebige Pflichtteilsberechtigte auszuschließen. Vielmehr muss auch hier **sehr genau** Inhalt und Umfang einer solchen Regelung **fachkundig gestaltet** werden.

d) Was sind Ausstattungen und wie helfen sie bei der Reduktion des Pflichtteilsanspruchs?

Eine sog. *„Ausstattung"* ist eine **Zuwendung der Eltern an Kinder**, die „mit Rücksicht auf deren Eheschließung" oder „auf die Erlangung einer selbstständigen Lebensstellung zur Begründung oder Erhaltung der Wirtschaft oder der Lebensstellung" erfolgt (§ 1624 BGB). Hierzu zählen z. B. die Mitgift/Aussteuer oder auch die Einrichtung eines Gewerbebetriebes. Solche Übertragungen sind dann **nicht als Schenkung** iSd § 2325 Abs. 1 BGB zu bewerten und damit sofort pflichtteilsreduzierend, sofern sie im Verhältnis zu den elterlichen **Vermögensverhältnissen angemessen** sind.

e) Kann der lebzeitige Verkauf einer Immobilie/ des Unternehmens gegen Leibrente den Pflichtteilsanspruch reduzieren?

Verkauft der Erblasser zu Lebzeiten Vermögen, gilt dies mangels Unentgeltlichkeit **nicht als Schenkung** – zumindest falls **keine gemischte Schenkung** wegen eines (deutlich) **unter dem Verkehrswert liegenden Verkaufspreises** anzunehmen ist. Eine Minderung des Pflichtteilsanspruchs wird dadurch allerdings nicht erreicht, soweit der erzielte **Kaufpreis** im **Vermögen des zukünftigen Erblassers** und damit in dessen Nachlass verbleibt.

Wird die Immobilie/das Unternehmen jedoch **gegen Einräumung einer Leibrente,** also einer lebenslangen monatlichen Rente, iSd § 759 BGB, verkauft, fällt die verkaufte Immobilie/das verkaufte Unternehmen nicht mehr in den Nachlass. Die **Leibrente** als Gegenleistung en-

det mit dem Tod des verfügenden Erblassers und ist damit auch kein **Bestandteil des Nachlasses.**

Auf diese Weise kann der **Pflichtteilsanspruch** tatsächlich **gemindert** werden und gleichzeitig die Versorgung des übertragenden Erblassers durch eine lebenslange Leibrente gesichert werden. Die damit verbundenen rechtlichen und steuerlichen Implikationen müssen allerding vollumfänglich geprüft werden.

f) Können Heirat, Adoption und Güterstandswechsel die Pflichtteilsquoten beeinflussen?

Wie oben gezeigt (vgl. IV.2.a)), richtet sich die Höhe des Pflichtteils nach der gesetzlichen Erbfolge. Dies bedeutet, dass eine **Pflichtteilsreduzierung** zulasten eines enterbten Angehörigen auch durch das Hinzukommen weiterer näherer Angehöriger als Pflichtteilsberechtigte iSd § 2303 BGB – z. B. durch Heirat oder ggf. Adoption – erreicht werden kann.

Ist der Erblasser verheiratet, so richtet sich die gesetzliche Erbfolge und damit auch die **Pflichtteilsquote** auch nach dem **ehelichen Güterstand** (vgl. II.3.b)). Je nachdem, wessen Pflichtteil reduziert werden soll und wie das Vermögen innerhalb der Familie verteilt ist, kann hier sowohl der gesetzliche Güterstand der Zugewinngemeinschaft als auch die Vereinbarung der **Gütertrennung** durch Ehevertrag strategisch geboten sein.

Zudem kommt auch eine **Adoption** von Personen in Betracht, denen (ein Teil des) Nachlass zugewendet werden soll. Durch das Hinzufügen weiterer Berechtigter werden die **Erbquoten** der ursprünglichen Erben und damit auch deren Pflichtteilsansprüche entsprechend **reduziert.** Dabei dürfte es sich regelmäßig um eine sog. *„Erwachsenenadoption"* handeln (§ 1767 BGB). Zu beachten ist, dass eine solche Annahme als Kind grundsätzlich nur unter gewissen Voraussetzungen möglich ist und, neben den rein vermögensrechtlichen Aspekten, auch **weitere Konsequenzen** haben wird.

g) Kann das Pflichtteilsrecht durch Wechsel der anwendbaren Rechtsordnung vermieden werden?

Nicht alle Rechtsordnungen kennen ein Pflichtteilsrecht. Dies gilt z. B. für **England** und **Wales, Irland, Schweden, Südafrika sowie die meisten US-Bundesstaaten**. Für die Frage, welches nationale Erb- und im Ergebnis Pflichtteilsrecht Anwendung findet, ist oftmals (zumindest innerhalb Europas) der letzte **gewöhnliche Aufenthalt** des Erblassers maßgeblich (vgl. II.2).

Pauschale Empfehlungen sind in diesem Zusammenhang regelmäßig nicht möglich. Ob eine solche Pflichtteilsreduzierung überhaupt rechtlich und v. a. steuerlich (insbes. hinsichtlich der Wegzugsbesteuerung nach § 6 AStG) praktikabel ist, kann nur mit Unterstützung entsprechend qualifizierter Berater in einer **Gesamtschau aller konkreten Umstände** entschieden werden.

h) Kann durch eine Stiftung der Pflichtteilsanspruch reduziert werden?

Stiftungen sind ein mögliches Instrument der **steueroptimierten Nachfolgeplanung**. Als **Allheilmittel** gegen mögliche Pflichtteilsansprüche eignen sie sich jedoch **regelmäßig nicht**. Auch bei der **Übertragung von Vermögen auf eine Stiftung** gelten die **allgemeinen gesetzlichen Bestimmungen** des Pflichtteilsrechts und insbesondere zur Pflichtteilsergänzung (§ 2325 BGB).

Allerdings kann die unentgeltliche Übertragung an eine **Stiftung**, ähnlich der **Schenkung** an einen Dritten (vgl. IV.2.b)), unter gewissen Voraussetzungen (insbes. Berücksichtigung der Zehnjahresfrist (§ 2325 Abs. 3 BGB) ein **Mittel zur Reduktion des Pflichtteilsanspruchs** sein. Das hängt von der **konkreten Gestaltung** der Stiftungssatzung sowie der Rolle des Erblassers als Stifter bzw. Stiftungsorgan ab.

3. Vertraglicher Pflichtteilsverzicht

a) Was ist ein Pflichtteilsverzicht und wie wird er vereinbart?

Der sicherste Weg, um bestehende Pflichtteilsansprüche zu reduzieren, ist der **Pflichtteilsverzicht** (§ 2346 Abs. 1, 2 BGB).

Der Pflichtteilsverzicht ist ein **zweiseitiger Vertrag** zwischen dem **Erblasser** und dem **verzichtenden Pflichtteilsberechtigten**. Der **Erblasser** kann den Vertrag **nur persönlich** schließen (§ 2347 Abs. 2 Satz 1 BGB). Der **Verzichtende** kann sich **vertreten** lassen. Der Pflichtteilsverzichtsvertrag bedarf zu seiner Wirksamkeit der **notariellen Beurkundung** (§ 2348 BGB).

In aller Regelmäßigkeit wird der Pflichtteilsberechtigte zu einer solchen Vereinbarung nur gegen eine **entsprechende Abfindung** bereit sein. Es können zwei Arten des Pflichtteilsverzichtes unterschieden werden.

b) Uneingeschränkter Pflichtteilsverzichtsvertrag

Bei einem **uneingeschränkten Pflichtteilsverzicht** verliert der Verzichtende folgende Rechte:

- Ausgleichspflichtteile nach § 2316 BGB
- Pflichtteilsergänzungsansprüche
- Pflichtteilsrestansprüche
- Verteidigungsrechte nach §§ 2306, 2308 Abs. 2; §§ 2319, 2328 BGB.

c)   Formulierungsbespiel für einen uneingeschränkten Pflichtteilsverzicht

Sachverhalt:
Der potentielle Erblasser Erich Eickel (E) ist Taxiunternehmer in Altötting. E ist seit vierzig Jahren mit Felicitas Eickel (F) verheiratet und hat einen Sohn Sven Eickel (S). Dieser arbeitet als Lehrer an einer Gesamtschule in Hagen und lehnt jede Form des Individualverkehrs grundsätzlich ab. Die Rufzentrale des Taxiunternehmens befindet sich im Famlienwohnhaus, so dass Teile der Immobilie Betriebsvermögen sind.

Das sonstige Betriebsvermögen besteht hauptsächlich aus drei Taxifahrzeugen, die teilweise von E und F auch privat genutzt werden, da das Ehepaar über kein privates Kfz verfügt.

Zielsetzung:
E möchte sicherstellen, dass nach seinem Tod seine Ehefrau als seine unternehmerische Nachfolgerin nicht durch erbrechtliche Ansprüche seines Sohnes in Liquiditätsschwierigkeiten geraten wird.

Auszug aus einem umfassenden (wechselseitiger) Pflichtteilsverzichtsvertrag – Formulierungsbeispiel:

„§ 1 Pflichtteilsverzicht Sven Eickel
1.1.   Ich, Sven Eickel, verzichte auch mit Wirkung für meine gegenwärtigen und zukünftigen Abkömmlinge auf mein gesetzliches Pflichtteilsrecht, sowohl nach dem Erstversterbenden als auch dem Längerlebenden meiner Eltern. Mein gesetzliches Erbrecht bleibt dagegen bestehen.
1.2.   Wir, Erich Eickel und Felicitas Eickel, nehmen den Pflichtteilsverzicht unseres Sohnes an.

§ 2 Pflichtteilsverzicht Erich und Felicitas Eickel
2.1.   Wir, Erich Eickel und Felicitas Eickel, verzichten auf unser gesetzliches Pflichtteilsrecht gegenüber unserem Sohn Sven Eickel. Unser gesetzliches Erbrecht bleibt dagegen bestehen.
2.2.   Ich, Sven Eickel nehme den Pflichtteilsverzicht meiner Eltern hiermit an.

§ 3 Unentgeltlichkeit
Der Pflichtteilsverzicht durch Sven Eickel erfolgt unentgeltlich und ohne Verpflichtung zur Gewährung einer Abfindung. Zuwendungen durch Rechtsgeschäfte unter Lebenden oder durch Verfügung von Todes wegen sind nicht Grundlage dieses Vertrages.

§ 4 Umfang und Reichweit des Pflichtteilsverzichtes
Der von mir, Sven Eickel, erklärte Pflichtteilsverzicht umfasst sämtliche Pflichtteilsansprüche, insbesondere auch Zusatzpflichtteile und Pflichtteilsergänzungsansprüche, sowie auch sämtliche mit dem Pflichtteilsrecht zusammenhängende Rechte. Der Pflichtteilsverzicht umfasst das gesamte weltweite Vermögen meines Vaters, Erich Eickel, sowie ausländische Pflichtteils- und Noterbrechte, soweit ein solcher Verzicht zulässig ist."

d)   Gegenständlich beschränkter Pflichtteilsverzicht

Ein Pflichtteilsverzicht kann auch **gegenständlich beschränkt** werden. Diese Beschränkung kann sich z. B. auf das **Betriebsvermögen** beziehen. Dieses soll so in seiner Gesamtheit im Erbfall nicht durch Pflichtteilsansprüche gefährdet werden. Dieser **teilweise Pflichtteilsverzichtsvertrag** muss dann die **Vermögensgegenstände**, auf welche verzichtet wird, **exakt** bezeichnen.

e) Formulierungsbeispiel für einen gegenständlich beschränkten Pflichtteilsverzicht

Sachverhalt:

Der potentielle Erblasser Erwin Ellmann (E) ist alleiniger Gesellschafter der Frohsinn GmbH mit Sitz in Aschaffenburg.

E hat zwei Töchter. Theresa Ellmann (T1) studiert aktuell im achtzehnten Semester Kunstgeschichte an der FU Berlin und lehnt den Kapitalismus als Ausbeutung des Proletariats per se ab. Tatjana Ellmann (T2) hat nach einem erfolgreichen BWL-Studium an der Universität Mannheim die letzten vier Jahre bei einer internationalen Unternehmensberatung gearbeitet.

Zielsetzung:

E möchte sicherstellen, dass nach seinem Tod seine Unternehmensbeteiligung möglichst ungeschmälert auf T2 übergehen kann, ohne dass T1 nach dem Erbgang noch diesbezügliche Ansprüche gelten machen könnte.

Auszug aus einem gegenständlich beschränkten Pflichtteilsverzicht – Formulierungsvorschlag:

„§ 1 Pflichtteilsverzicht

1.1.   Hiermit verzichte ich, Theresa Ellmann, gegenüber meinem Vater, Erwin Ellmann, für mich und meine Abkömmlinge gegenständlich beschränkt auf die unter Ziffer 2 genannten Vermögensgegenstände auf sämtliche Pflichtteilsansprüche, die ich gegenüber dem Nachlass meines Vaters Erwin Ellmann haben könnte. Dies gilt insbesondere auch für etwaige Pflichtteilsergänzungsansprüche (§§ 2325 ff. BGB) sowie für Pflichtteilsrest- und Zusatzpflichtteilsansprüche (§§ 2305, 2307 BGB).

1.2.   Bei der Berechnung des Pflichtteils ist die gesamte Beteiligung des Erwin Ellmann an der Frohsinn GmbH, eingetragen in das Handelsregister des AG Aschaffenburg unter HRB 12345 mit dem Sitz in

Aschaffenburg (die „Gesellschaftsbeteiligung"), nebst aller Konten nicht zu berücksichtigen. Die Gesellschaftsbeteiligung bleibt somit bei der Berechnung etwaiger Pflichtteils(ergänzungs-)ansprüche zugunsten Theresa Ellmann unberücksichtigt. Dieser Verzicht gilt unabhängig davon, wer Erbe ist und wem die Gesellschaftsbeteiligung lebzeitig oder von Todes wegen zugewendet wird.

1.1.   Ich, Erwin Ellmann, nehme diese gegenständlich beschränkte Verzichtserklärung hiermit an.

1.2.   Die Erschienen wurden darauf hingewiesen, dass durch diesen Vertrag die Verzichtende und ihre Abkömmlinge lediglich ihre Pflichtteils- und Pflichtteilsergänzungsansprüche hinsichtlich des Wertes der Gesellschaftsbeteiligung verlieren; die Pflichtteilsansprüche bezüglich anderer Nachlassgegenstände des E bleiben bestehen. Die gesetzliche Erbfolge bleibt von dieser Vereinbarung unberührt.

§ 2 Abfindung

Zum Ausgleich für den vorstehend in § 1 erklärten Verzicht verpflichte ich, Erwin Ellmann, mich, meiner Tochter Theresa Ellmann bis zum 23.12.2025 eine Abfindung in Höhe von EUR 500.000,00 auf ihr Girokonto IBAN DE16756545446 zu zahlen. Ich, Theresa Ellmann, nehme diese Abfindung hiermit an.

§ 3 Sonstiges

Der beurkundende Notar hat die Erschienenen darauf hingewiesen, dass Frau Theresa Ellmann und ihren Abkömmlingen aufgrund dieses Vertrages keine Pflichtteilsansprüche nach dem Wert des Unternehmens zustehen."

4. Welche Beschränkungen des Pflichtteilsverzichtes gibt es?

Die Gestaltungsfreiheit ist allerdings auch beim Pflichtteilsverzicht nicht unbegrenzt. Ein Pflichtteilsverzichtsvertrag kann ausnahmsweise **sittenwidrig** und damit nichtig sein (§ 138 Abs. 2 BGB). Dies gilt insbesondere, wenn eine objektive Unausgewogenheit zwischen den vereinbarten Leistungen besteht, die aus der bewussten **Ausbeutung der Unerfahrenheit** des Verzichtenden o.ä. resultiert. Die **Anforderungen** an eine solche Nichtigkeit des Pflichtteilverzichtsvertrags sind allerdings **sehr hoch.**

Daneben besteht die Möglichkeit des Verzichtenden die Vereinbarung später wegen eines **Irrtums** (§ 119 BGB), einer **arglistigen Täuschung** oder **widerrechtlichen Drohung** (§ 123 Abs, 1 BGB) **anzufechten.**

5. Was ist der Unterschied zwischen Pflichtteilsverzicht und Erbverzicht?

Durch einen **Erbverzichtsvertrag** verzichten die erbberechtigten Verwandten oder der Ehegatte des Erblassers auf ihr **gesetzliches Erbrecht.** Durch den Verzicht wird der Verzichtende vom Gesetz so behandelt, als würde er **zum Zeitpunkt des Erbfalls nicht mehr leben.** Er existiert für erbrechtliche Zwecke de facto nicht mehr (§ 2346 Abs. 1 BGB). Eine Konsequenz des Erbverzichtes ist damit, dass die Erbteile (und damit auch die Pflichtteilsansprüche) der übrigen Erbberechtigten **entsprechend erhöht** werden. Ein Erbverzicht ist daher in der Praxis nur **unter bestimmten Voraussetzungen** sinnvoll. Soll eine bestimmte Erbfolge festgelegt werden (z.B. von zwei Kindern soll nur eines Alleinerbe werden), ohne dass zusätzliche Regelungen in einem Testament oder Erbvertrag getroffen werden, kann der **Erbverzicht zielführend** sein. Davon abgesehen, ist der **Pflichtteilsverzicht** dem Erbverzicht **regelmäßig vorzuziehen.**

V. Benötige ich einen Testamentsvollstrecker?

1. Was sind Aufgaben und Rechte des Testamentsvollstreckers?

Durch die Bestellung eines **sachkundigen, fremdnützigen und unparteiischen Dritten** als Testamentsvollstrecker kann der Unternehmer sicherstellen, dass

- über seinen Tod hinaus für einen substantiellen Zeitraum **seine Anordnungen befolgt** werden (§ 2216 Abs. 2 Satz 1 BGB);
- den Erben die **Verfügungsbefugnis** über Nachlassgegenstände **entzogen** werden (§ 2211 Abs. 1 BGB);
- etwaigen Gläubigern der (ggf. überschuldeten) Erben der **Zugriff auf den Nachlass verwehrt** wird (§ 2214 BGB);
- bei **möglichen Konflikten** zwischen den einzelnen Erben oder auch den Erben und dem (durch Vermächtnis eingesetzten) eigentlichen Unternehmensnachfolger eine **objektive Instanz als Vermittler** und Schlichter vorhanden ist.

2. Welche Arten der Testamentsvollstreckung sind für die Unternehmensnachfolge relevant?

Grundsätzlich können verschiedene Arten der Testamentsvollstreckung unterschieden werden. Für den Bereich der **Unternehmensnachfolge** sind dabei insbesondere die folgenden Varianten in der Praxis **relevant:**

- **Abwicklungsvollstreckung**

  Die sog. *„Abwicklungsvollstreckung"* ist der **gesetzliche Regelfall** (§§ 2204 ff BGB). Gibt es mehrere Erben, ist das grundsätzliche Ziel des Testamentsvollstreckers die **Auseinandersetzung des Nachlasses** zwischen diesen Erben (§ 2204 Abs. 1 BGB).

- **Dauervollstreckung**

  Die Dauervollstreckung geht über die bloße Abwicklung und Auseinandersetzung des Nachlasses hinaus (§ 2209 Satz 1 BGB). Der Testamentsvollstrecker übernimmt die **Verwaltung** des Nachlassvermögens **für einen festgelegten Zeitraum** anstelle der Erben. Die gesetzliche **Höchstdauer** beträgt grundsätzlich 30 Jahre, kann jedoch in bestimmten Fällen verlängert werden (§ 2210 BGB). Die nachfolgend dargestellten Fälle der Testamentsvollstreckung stellen alle Varianten der Dauervollstreckung dar.

- **Beaufsichtigende Testamentsvollstreckung**

  Soll der Testamentsvollstrecker lediglich die **Ausführung bestimmter Anordnungen**, wie z.B. Teilungsanordnung, Vermächtnis, Auflage usw. **überwachen**, spricht man von einer „beaufsichtigenden **Testamentsvollstreckung".** Dabei wird dem Testamentsvollstrecker ausdrücklich das Recht zur Ausführung der letztwilligen Verfügung entzogen (§ 2208 Abs. 1 BGB). Er kann **nicht** über **Nachlassgegenstände verfügen,** so dass keine Beschränkung der Verfügungsmacht des/der Erben eintritt (§ 2211 Abs. 1 BGB). Auch wird in diesem Fall der Zugriff der Gläubiger der Erben nicht eingeschränkt (§ 2214 BGB).

3. Wo sind die Grenzen der Testamentsvollstreckung?

a)   Für ein Einzelunternehmen

Der Testamentsvollstrecker kann nach langjähriger Rechtsprechung als solcher **kein Handelsgewerbe** führen. Denn weder haftet er persönlich für die von ihm neu begründeten Verbindlichkeiten, noch kann er die Erben für solche Verbindlichkeiten über das Nachlassvermögen hinaus verpflichten.

In der Gestaltungspraxis wurden daher verschiedene **Ausweichgestaltungen** entwickelt:

- **Vollmachtlösung:** Der Erbe erteilt dem Testamentsvollstrecker eine **Vollmacht** zur Führung des Handelsgeschäftes. Als Vollmachtgeber haftet der **Erbe** für neue Geschäftsverbindlichkeiten **persönlich und unbeschränkt**. Für **Altschulden** haftet er nach §§ 25, 27 HGB.
  - → Um die **Unabhängigkeit** des Testamentsvollstreckers zu gewährleisten, muss durch eine entsprechende **testamentarische Verfügung** (Auflage/Bedingung) sichergestellt werden, dass der Erbe weder ein Weisungsrecht gegenüber dem Testamentsvollstrecker noch eine Möglichkeit zum Widerruf der Vollmacht besitzt. Die **rechtliche Zulässigkeit** einer solchen Gestaltung ist **umstritten**.
- **Treuhandlösung:** Der Testamentsvollstrecker führt **nach außen** das Handelsgeschäft im **eigenen Namen**, so dass er selbst unbeschränkt für Unternehmensverbindlichkeiten haftet. Im **Innenverhältnis** handelt er als **Treuhänder der Erben** auf deren Rechnung. Auch hier erfolgt seitens des Erblassers eine entsprechende Verpflichtung der Erben durch **Auflage oder Bedingung**, also im Ergebnis durch wirtschaftlichen Druck.
  - → Bei der Treuhandlösung muss der Testamentsvollstrecker gewillt sein, **massive persönlich Haftungsrisiken** in Kauf zu nehmen.

- **Umwandlungslösung**: Der Testamentsvollstrecker wird testamentarisch zur **Umwandlung** des Unternehmens in eine **andere Rechtsform** (regelmäßig GmbH & Co. KG) ermächtigt (§ 2048 Abs. 1 Satz 2 iVm § 2204 Abs. 1 BGB), in welcher der **Testamentsvollstrecker** die **Geschäftsführung selbst** übernehmen oder durch **Bestellung eines Dritten zum** Geschäftsführer regeln kann.
  - → Ein Rechtsformwechsel dürfte regelmäßig mit einem **erheblichen organisatorischen Aufwand** verbunden sein und setzt fundierte rechtliche und steuerliche Beratung voraus, um etwaige Risiken zu erkennen und zu vermeiden.

b)   Für den voll haftenden Anteil an einer Personengesellschaft

Wie bereits erläutert (vgl. II.5.c)) fallen die Anteile der unbeschränkt persönlich haftenden Gesellschafter an einer Personengesellschaft nicht in den Nachlass, sondern werden im Wege der **Sondererbfolge** übertragen. Damit ist auch der **Umfang der zulässigen Testamentsvollstreckung** entsprechend **begrenzt**.

> **Praxishinweis:**
> Jede Testamentsvollstreckung bezieht sich **nur** auf den **Nachlass** des Erblassers – Vermögensgegenstände, die nicht in den Nachlass fallen, z. B. **Anteile an einer Personengesellschaft**, die durch eine **rechtsgeschäftliche Nachfolgeklausel**, also durch eine Verfügung unter Lebenden (vgl. II.5.e)) übertragen werden – **gehören nicht dazu!**

Gehen **voll haftende Anteile** an einer Personengesellschaft im **Erbgang** über, so kann die Testamentsvollstreckung sich nur auf die mit der Beteiligung verbundenen **Vermögensrechte**, wie z. B. Ansprüche auf Gewinn bzw. Abfindung oder ein Auseinandersetzungsguthaben, beziehen. Die **höchstpersönlichen Mitgliedschaftsrechte** unterliegen dagegen **nicht** der Testamentsvollstreckung. Daran kann auch eine **Zu-**

stimmung der übrigen Gesellschafter zur Testamentsvollstreckung nichts ändern.

Mit **Zustimmung der übrigen Gesellschafter** kann der Testamentsvollstrecker allerdings über den **Gesellschaftsanteil selbst verfügen** (§ 2205 Abs. 1, § 2211 Abs. 1 BGB).

Wie beim Einzelunternehmen muss für eine **möglichst umfassende** Testamentsvollstreckung am Anteil eines **unbeschränkt haftenden** Gesellschafters damit zu **Ausweichkonstruktionen** gegriffen werden (vgl. V.13.3)a)). Die daraus resultierenden Problemstellungen entsprechen ebenfalls dem bereits oben Dargestellten. Kaum ein Testamentsvollstrecker, insbesondere ein externer Dritter, wird bereit sein die aus § 128 HGB folgende **Haftung** zu übernehmen. Die für das Funktionieren einer Vollmacht- bzw. Treuhandlösung erforderlichen **Auflagen und Bedingungen**, durch welche im Endeffekt die Erben mittels wirtschaftlichen Drucks gezwungen werden, dem Testamentsvollstrecker eine Verpflichtungsbefugnis über ihr Vermögen einzuräumen, sind **grundsätzlich kritisch** zu sehen. Ihre rechtliche Wirksamkeit wird teilweise bestritten.

Daraus folgt, dass regelmäßig dem Testamentsvollstrecker durch den Erblasser die Möglichkeit eingeräumt werden sollte, den fraglichen Gesellschaftsanteil in einen **Kommanditanteil umzuwandeln**, der in der Konsequenz keine unmittelbare persönliche und unbeschränkte Haftung des Gesellschafters begründet.

c) Formulierungsbeispiel für die Berufung eines Testamentsvollstreckers mit Wahlmöglichkeit zwischen Vollmacht- und Treuhandlösung und Umwandlungsoption

Sachverhalt:

Egon Eberlein (E) betreibt gemeinsam mit seinem Mitgesellschafter und Freund T (Theodor Traurig) eine gutgehende Kfz-Werkstatt, die Eberlein & Traurig oHG. E ist verwitwet und hat zwei Kinder. Sohn Sigurd

(S), 18 Jahre alt und die 21-jährige Terry (T). T absolviert derzeit eine achtjährige Ausbildung zur Ballerina an der Ballettakademie der Wiener Staatsoper. S wird seine Ausbildung zum Mechanotroniker zum 30. August 2027 abschließen und soll anschließend in das Unternehmen eintreten.

Sollte E versterben, bevor S fähig ist, das Unternehmen zu führen, soll T solange das Unternehmen leiten.

Auszug aus dem Testament des Egon Eberlein – Formulierungsbeispiel „(…)

a)   „Testamentsvollstreckung

1.1.   Ich ernenne zu meinem Testamentsvollstrecker mit dem ausschließlichen Aufgabenkreis, meine Beteiligung an der Eberlein & Traurig OHG (die „Gesellschaftsbeteiligung") fortzuführen, Herrn Theodor Traurig, geb. am (usw.). Damit der Testamentsvollstrecker seine Aufgaben nach diesem Testament für die Gesellschaftsbeteiligung wahrnehmen kann, beschwere ich meine Erben mit der Auflage, ihm die Ausübung sämtlicher Gesellschaftsrechte, sei es vermögens-, wie auch personenrechtlicher Natur, einschließlich des Stimmrechts zu ermöglichen, soweit keine zwingenden gesetzlichen Vorschriften dem entgegenstehen.

1.2.   Herr Traurig hat das Unternehmen nach seinem freien Ermessen entweder

- im eigenen Namen und unter eigener persönlicher Haftung als Treuhänder für Rechnung der Erben („Treuhandlösung")

oder

- im eigenen Namen und unter Haftung der Erben als deren Bevollmächtigter („Vollmachtlösung") zu führen.

1.3.   Für den Fall, dass Herr Traurig die Treuhandlösung wählt, erteile ich hiermit meinen Erben die Auflage, das Unternehmen Herrn Traurig treuhänderisch zu übertragen.

1.4.   Für den Fall, dass Herr Traurig die Vollmachtlösung wählt, erteile ich hiermit Herrn Traurig mit Wirkung gegenüber sämtlichen Erben, alle Rechte aus meiner Stellung als Eigentümer des Unternehmens in vollem Umfang auszuüben. Meine Erben verpflichte ich hiermit im Wege der Auflage, den Testamentsvollstrecker unverzüglich nach meinem Tod in notarieller Form entsprechend zu bevollmächtigen. Diese Vollmacht soll jedoch keine unentgeltlichen Verfügungen umfassen.

1.5.   Zu den folgenden Maßnahmen ist der Testamentsvollstrecker nur mit schriftlicher Einwilligung aller Erben berechtigt:

• Veräußerung und Belastung der Gesellschaftsbeteiligung;
• Ganze oder teilweise Veränderung der Beteiligungsverhältnisse oder Gewinnverteilung;
• Erhöhung der Einlage.

1.6.   Sollte ein Erbe den in Ziffer 1.1., 1.3. bzw. 1.4. geschilderten Auflagen ohne wichtigen Grund nicht nachkommen und/oder seine Vollmacht nach Ziffer 1.4. widerrufen, muss er seinen Erbanteil an die anderen Erben herausgeben. Diese Herausgabepflicht ordne ich im Wege eines Vermächtnisses aufschiebend bedingt an. Die Erfüllung dieses bedingten Vermächtnisses gehört auch zu den Aufgaben des Testamentsvollstreckers.

1.7.   Die Erben werden den Testamentsvollstrecker von jeglicher persönlichen Haftung für die Geschäftsverbindlichkeiten auf dessen Anfordern freistellen. Sämtliche Rechte, die ihm nach dem Gesetz eingeräumt werden können, stehen ihm zu. Von den Beschränkungen des § 181 BGB ist er befreit.

1.8.   Gleichzeitig erteile ich die Auflage, auf Verlangen des Testamentsvollsteckers die Gesellschaftsbeteiligung in eine Kommanditbeteiligung umzuwandeln, verbunden mit dem Anspruch einer Rückumwandlung nach Beendigung der Testamentsvollstreckung in eine voll haftende Beteiligung, sofern und soweit dies ein Erbe beantragt.

1.9.   Die Testamentsvollstreckung endet am 30.8.2029."

d)   Für eine Beteiligung als Kommanditist

Im Gegensatz zur Testamentsvollstreckung bei Beteiligungen eines unbeschränkt haftenden Gesellschafters kann für einen Kommanditanteil die Testamentsvollstreckung unproblematisch und vollumfänglich angeordnet werden. Mangels unbeschränkbarer persönlicher Haftung der Kommanditisten fallen deren Anteile auch nicht in die ansonsten eingreifende Sondererbnachfolge und sind damit regelmäßig Bestandteil des Nachlasses (vgl. dazu bereits oben Ziffer 5.c)).

e)   Formulierungsbeispiel für die Berufung eines Testamentsvollstreckers für einen Kommanditanteil

Sachverhalt:

Egon Eberlein (E) ist Friseur und einer von vier Kommanditisten der Rapunzel GmbH & Co. KG. Ein weiterer Kommanditist der Gesellschaft und guter Freund des E ist Theodor Traurig. E ist nicht an der Komplementär-GmbH beteiligt.

E ist verwitwet und hat zwei Kinder. Den zwanzigjährigen Sohn Sigurd (S), sowie die 22-jährige Terry. (T) T absolviert aktuell eine achtjährige Ausbildung zur Ballerina an der Ballettakademie der Wiener Staatsoper. S hat sich unmittelbar nach seinem Abitur als Offizieranwärter (SaZ 12) bei der Bundeswehr verpflichtet.

Auszug aus dem Testament des Egon Eberlein – Formulierungsbeispiel:
*„§ 3.	Testamentsvollstreckung*

3.1.	Ich ordne für meinen Kommanditanteil an der Rapunzel GmbH & Co. KG (die „Gesellschaftsbeteiligung") Testamentsvollstreckung an. Zum Testamentsvollstrecker ernenne ich Herrn Theodor Traurig, geb. am (usw.). Die Testamentsvollstreckung umfasst neben den Kapitalkonten auch meine sonstigen Konten, z. B. Darlehenskonten. Der Testamentsvollstrecker übt die Rechte aus der Kommanditistenstellung, insbesondere auch das Stimmrecht, nach billigem Ermessen aus. Soweit zu einzelnen Maßnahmen die Zustimmung der Erben erforderlich ist, belaste ich diese mit der Auflage, dem Testamentsvollstrecker die Ausübung sämtlicher Gesellschaftsrechte zu ermöglichen, soweit nicht zwingende gesetzliche Vorschriften entgegenstehen. Ausgenommen sind nur Maßnahmen, die zu einer persönlichen Haftung meiner Erben führen, insbesondere zu einem Wiederaufleben der Haftung nach § 172 Abs. 4 HGB infolge Rückzahlung der Einlage und bei Mitwirkung an Beschlüssen über eine Erhöhung der Hafteinlage.

3.2.	Ich bevollmächtige den Testamentsvollstrecker mit Wirkung gegenüber meinen Erben, alle ihre vermögens- und mitgliedschaftlichen Rechte aus meiner Beteiligung im vorstehenden Umfang auszuüben. Meine Erben beschwere ich mit der Auflage, dass sie auf Verlangen des Testamentsvollstreckers verpflichtet sind, nach meinem Tod ihm diese Vollmacht in notariell beurkundeter Form zu bestätigen. Der Testamentsvollstrecker ist von den Beschränkungen des § 181 BGB befreit.

3.3.	Sollte ein Erbe ohne wichtigen Grund den in Ziffer 3.2. geregelten Auflagen nicht nachkommen und/oder die Vollmacht widerrufen, muss er seinen Anteil an der Beteiligung unverzüglich an die anderen Erben im Verhältnis ihrer Erbquoten herausgeben, was ich hiermit vermächtnisweise anordne. Die Erfüllung dieses bedingten Vermächtnisses gehört auch zu den Aufgaben des Testamentsvollstreckers."

f) Für den Geschäftsanteil einer Kapitalgesellschaft

Im Gegensatz zu den Anteilen der unbeschränkt persönlich haftenden Gesellschafter in Personengesellschaften sind Anteile einer **GmbH frei vererblich** (§ 15 Abs. 1 GmbHG), vgl. II.6.a)).

Damit fallen sie uneingeschränkt in den **Nachlass** und bei mehreren Erben in die **Erbengemeinschaft** (§ 2032 BGB, § 18 GmbHG), so dass eine Verwaltungsvollstreckung an ihnen uneingeschränkt möglich ist.

Begrenzt wird der Umfang der Testamentsvollstreckung allerdings auch hier von der sog. *„Kernbereichslehre"*, sodass Beschlüsse bzw. Satzungsänderungen, für die zwingend die Zustimmung der Gesellschafter erforderlich ist, grundsätzlich der Testamentsvollstreckung entzogen sind.

Darunter fallen z. B.:

- Änderungen des Gesellschaftsvertrages bzgl. der **Höhe der Kapitalanteile;**
- Änderungen bzgl. der **Gewinnbeteiligung** und des **Auseinandersetzungsguthabens;**
- **Kündigungsrecht** der Gesellschaft aus **wichtigem** Grund.

Zudem begrenzt das Erbrecht die **Handlungsmöglichkeiten des Testamentsvollstreckers.** Weder kann er die Erben über den Nachlass hinaus **finanziell verpflichten** (§ 2206 Abs. 1 Satz 1 BGB), so dass er **keine Kapitalerhöhung gegen Einlage** oder Nebenpflichten der Gesellschafter ohne deren Zustimmung beschließen kann. Noch darf er eine **unentgeltliche Verfügung** treffen (§ 2205 Satz 3 BGB).

4. Wann ist die Anordnung einer Testamentsvollstreckung sinnvoll?

Zusammenfassend kann festgehalten werden, dass im **unternehmerischen Bereich** die Möglichkeiten des Testamentsvollstreckers im Hinblick auf die jeweiligen gesellschaftsrechtlichen Besonderheiten der einzelnen Gesellschaftsformen mehr oder minder **stark eingeschränkt** sind. Ist eine Testamentsvollstreckung infolge des Alters oder der Struktur der Erben zwingend erforderlich, so sollte – sofern praktikabel – vor dem Erbfall in die **GmbH & Co. KG** gewechselt werden. Denn diese Rechtsform eignet sich am besten für eine angeordnete Testamentsvollstreckung.

Grundsätzlich stellt die Einsetzung eines Testamentsvollstreckers regelmäßig **nicht das simple Patentrezept** für die Lösung möglicher Probleme dar, die sich aus der beabsichtigten Übertragung des Unternehmens im Erbgang ergeben.

Auch im Hinblick auf die zahlreichen Einschränkungen für die Testamentsvollstreckung im unternehmerischen Bereich, sollten stets auch **andere erbrechtliche Optionen** zur postmortalen Durchsetzung des Erblasserwillens in Betracht gezogen werden. Hier bieten sich insbesondere **testamentarische Auflagen oder Bedingen** bei der Erbeinsetzung oder Vermächtniszuwendung an, mit denen die jeweils Begünstigten ggf. zur Beachtung einzelner Vorgaben motiviert werden können.

Allerdings sollte der zukünftige Erblasser bei der Vorbereitung der entsprechenden Verfügungen auch **selbstkritisch** hinterfragen, welche seiner Ziele und Vorstellungen für die Nachfolgergeneration so essentiell sind, dass ihre gesicherte, ggf. zwangsweise Durchsetzung für den Erfolg der unternehmerischen Nachfolge **unabdingbar und unverzichtbar** sind. Desweilen kann auch ein gewisses Loslassen und das (tatsächlich praktizierte) Vertrauen in die nachfolgende Unternehmergeneration für alle Seiten den Übergang gedanklich und emotional erleichtern.

5. Wie bestelle ich einen Testamentsvollstrecker?

Der Testamentsvollstrecker wird durch den Erblasser **im Testament** bestimmt (§ 2197 Abs. 1 BGB). Grundsätzlich kann die Ernennung jedoch auch **einem Dritten überlassen** werden (§ 2098 BGB). In diesem Fall erfolgt die Bestimmung durch Erklärung gegenüber dem Nachlassgericht. Sofern dies der Erblasser anordnen, kann auch das **Nachlassgericht selbst** einen Testamentsvollstrecker ernennen (§ 2200 BGB).

Der Testamentsvollstrecker muss **voll geschäftsfähig** sein (§ 2201 BGB) und er muss sein Amt durch Erklärung gegenüber dem Nachlassgericht **ausdrücklich annehmen** (§ 2201 Abs. 1 BGB). Selbstverständlich kann die als Testamentsvollstrecker vorgesehene Person die Annahme des Amtes auch **ohne Begründung ablehnen**.

Dem Testamentsvollstrecker steht es frei, jederzeit und ohne Angabe von Gründen **sein Amt zu kündigen** (§ 2226 BGB). Nur im Falle einer Kündigung „zur Unzeit" treffen ihn ggf. entsprechende Schadensersatzansprüche.

6. Wen bestelle ich zum Testamentsvollstrecker?

Grundsätzlich können sowohl **natürliche** als auch **juristische Person** zum Testamentsvollstrecker berufen werden. Neben den Beratern des Unternehmers, wie insbesondere **Notare, Rechtsanwälte** und **Steuerberater**, übernehmen inzwischen regelmäßig auch **Banken** bzw. deren Mitarbeiter Testamentsvollstreckungen. Zu beachten ist, dass gerade diese **professionellen Testamentsvollstrecker** entsprechend zu **vergüten** sind.

Bei der Wahl des Testamentsvollstreckers sollte bedacht werden, dass dieser mit den **Strukturen des Unternehmens** vertraut und fachlich in der Lage sein muss, das Amt auszuführen.

Oftmals berufen verfügende Unternehmer im Rahmen ihres Testaments gute Freunde, enge Geschäftspartner, Mitgesellschafter oder Verwandte zum Testamentsvollstrecker. Ist dies gewünscht, so sollte darauf geachtet werden, dass zum einen die fragliche Person tatsächlich über ausreichende **zeitliche und fachliche Kapazitäten** zur Erfüllung des Amtes verfügt. Zum anderen sollte stets bedacht werden, dass nicht nur der Verfügende selbst, sondern auch die als Testamentsvollstrecker vorgesehene Person zwingend **älter** wird. So kommt es in der Praxis oftmals vor, dass die als Testamentsvollstrecker bestimmte Person zum Zeitpunkt des Erbfalls sich bereits deutlich dem Rentenalter nähert bzw. dieses schon längst erreicht hat.

Dieser Aspekt ist auch bei der Berufung des seit vielen Jahren als Haus- und Hofberater bewährten Rechtsanwalts oder Steuerberaters zu bedenken. Gerade hier kann die Beauftragung nicht nur einer einzelnen Person, sondern zum Beispiel einer **ganzen Kanzlei** oder **Steuerberatungsgesellschaft** den beschriebenen Zeitfaktor entsprechend kompensieren. **Problematisch** ist in diesen Fällen allerdings regelmäßig das zwingend erforderliche **persönliche Vertrauen** des Verfügenden in die Person des im Ergebnis als Testamentsvollstrecker Tätigen.

VI. Wie wird mein Unternehmen im Erbfall bewertet?

1. Bewertungsgrundlagen

a) Welche Bewertungsmethoden gibt es?

Allgemein lassen sich für Bewertungszwecke markt-, ertrags- und substanzorientierte Bewertungsmethoden unterscheiden. **Marktorientierte Bewertungsmethoden** bestimmen den Wert eines Unternehmens aus **Marktpreisen**, z.B. Aktienkurse von börsennotierten Unternehmen oder aus am Markt realisierten **Verkäufen unter fremden Dritten.**

Ertragsorientierte Bewertungsmethoden leiten den Wert eines Unternehmens aus dessen **zukünftigen Gewinnen, Zahlungsströmen oder Umsätzen** ab. Die Höhe der Gewinne, Zahlungsströme, Umsätze wird mit einem **Bewertungsfaktor** multipliziert (oft auch Bewertungs-multiplikator oder im angelsächsischen Bereich als „Multiple" bezeichnet), um den Unternehmenswert zu bestimmen.

Ertragswert
= Erträge (Gewinne/Zahlungsströme/Umsätze) x Bewertungsmultiplikator

Bei ertragsorientierten Bewertungsmethoden ist der Unternehmenswert umso höher, je höher die Erträge (Gewinne, Zahlungsströme oder Umsätze) sind und je höher der Bewertungsmultiplikator ist. Unternehmen mit hohen Gewinnen sind insoweit mehr Wert als ertragsschwache oder gar defizitär wirtschaftende Unternehmen.

Substanzwertorientierte Bewertungsmethoden leiten den Unternehmenswert nicht aus Ertragsgrößen (wie Umsatz, Gewinn, Zahlungsströme) ab, sondern bestimmen die zu einem **Zeitpunkt vorhandenen Vermögenswerte** und ziehen hiervon die zum gleichen Zeitpunkt vorhandenen **Schuldpositionen** ab. Der Unternehmenswert ergibt sich danach als Differenz aus Vermögensgegenständen und Schulden.

Substanzwert

= Vermögensgegenstände ./. Schulden

---

b) Wovon hängt der steuerliche Wert des Unternehmens ab?

Das Steuerrecht sieht vorrangig eine **marktorientierte Ableitung** des Unternehmenswertes aus Marktkursen oder Verkäufen an fremde Dritte vor, die weniger als 1 Jahr zum Todeszeitpunkt zurückliegen (§ 11 Abs. 1 und 2 Satz 1 BewG). Für **Familienunternehmen** ist abweichend zu börsennotierten Unternehmen jedoch in der Regel kein Marktkurs zum Todesstichtag verfügbar. Auch dürfte nur in den wenigsten Fällen ein fremdvergleichskonformer Kaufpreis vorliegen, der weniger als 1 Jahr zum Todeszeitpunkt des Erblassers zurückliegt. Für die steuerliche Bewertung von mittelständischen Unternehmen kommt daher **in der Praxis** in fast allen Fällen eine Bewertung mittels **Ertragswert- und Substanzwertverfahren** in Betracht.

Erbschaftsteuerlich werden **zweigleisig** sowohl ein Ertragswert (mittels sog. vereinfachten Ertragswertverfahren) als auch ein Substanzwert bestimmt und dann stets der **höhere** der beiden Werte als relevanter steuerlicher gemeiner Wert (§§ 9, 11 BewG) angesetzt. Der Substanzwert bildet insoweit den **Mindestwert** bzw. die Wertuntergrenze des Unternehmens für steuerliche Zwecke (§ 11 Abs. 2 Satz 2 BewG). Praktische Konsequenz hieraus ist, dass für **ertragsstarke Unternehmen** steuerlich regelmäßig der Ertragswert und für **ertragslose** oder **ertragsschwache Unternehmen** regelmäßig der Substanzwert als höherer gemeiner Wert zur Anwendung kommt.

Das für steuerliche Zwecke maßgebliche vereinfache Ertragswertverfahren (§§ 199 bis 203 BewG) folgt gewissen **standardisierten** und **vereinfachenden** Bewertungsparametern. Da dadurch mitunter nicht die spezifischen Besonderheiten eines Unternehmens erfasst sein können, erlaubt der Gesetzgeber auch eine Wertbestimmung mittels **Bewertungsgutachten**. Der Substanzwert bildet auch hier stets den steuerlichen **Mindestwert**. In praktischer Hinsicht muss abgewägt werden, ob die Kosten des Bewertungsgutachters geringer als die potentielle Steuerersparnis sind.

Rein **vermögensverwaltende Personengesellschaften** werden nicht mittels vereinfachten Ertragswertverfahren oder Substanzwertverfahren bewertet, sondern **gelten** als Erwerb der **anteiligen Wirtschaftsgüter und Schulden** (§ 10 Abs. 1 Satz 3 ErbStG). **Vermögensverwaltende Kapitalgesellschaften** werden ungeachtet dessen mit dem vereinfachten Ertragswertverfahren und Substanzwertverfahren bewertet.

c)   Welcher Zeitpunkt ist steuerlich relevant?

Die Erbschaftsteuer ist eine Stichtagssteuer. Es gilt das **Stichtagsprinzip** (§ 11 ErbStG), d.h. die zum Todeszeitpunkt vorhandenen Vermögensgegenstände und Schulden sind zu bewerten. Dementsprechend ist das Unternehmensvermögen grundsätzlich auch auf den Todestag als relevanten Bewertungsstichtag zu bewerten.

Ertragswertverfahren leiten Unternehmenswerte aus den zukünftigen Erträgen und Zahlungsströmen ab. **Zukünftige** Erträge sind **unbekannt** und als Anknüpfungspunkt für eine stichtagsbezogene steuerliche Bewertung **ungeeignet**. Beim vereinfachten Ertragswertverfahren wird daher der Ertragswert grundsätzlich **vergangenheitsorientiert** aus den letzten drei vor dem Bewertungsstichtag liegenden Wirtschaftsjahren abgeleitet.

Beispiel:
Der Unternehmer stirbt am 9.6.2025. Für das vereinfachte Ertragswertverfahren sind grundsätzlich die Jahre 2022, 2023 und 2024 maßgeblich.

Beim Substanzwertverfahren ist der Todeszeitpunkt der relevante Bewertungsstichtag. Für die Anwendung des Substanzwertverfahrens wäre damit grundsätzlich eine Bilanz auf den Todeszeitpunkt aufzustellen, um die genaue Höhe der Vermögenswerte und Schulden zu bestimmen. Dies dürfte in den meisten Fällen einen **Zwischenabschluss** erfordern, der in praktischer Hinsicht zusätzlichen Zeit- und Kostenaufwand auslöst. Aus **Vereinfachungsgründen** lässt die Finanzverwaltung daher zu, dass der Substanzwert aus der letzten vor dem Todeszeitpunkt erstellten regulären Abschlussbilanz des Unternehmens abgeleitet wird, sofern dies im Einzelfall nicht zu unangemessenen Ergebnissen führt (R B 11.6 Abs. 2 ErbStR).

d) Wie läuft der Bewertungsprozess praktisch ab?

Die steuerliche Bewertung eines Unternehmens im Ertragswertverfahrens oder Substanzwertverfahrens setzt zum einen hohes **spezifisches Fachwissen** voraus, zum anderen wird dieses wegen der Komplexität und erforderlichen Rechenschritte **EDV-gestützt** durchgeführt. In praktischer Hinsicht wird die steuerliche Bewertung des Unternehmens im Erbfall daher fast ausnahmslos durch einen **Steuerberater oder Fachanwalt** durchgeführt, der über das hierfür erforderliche Fachwissen und die entsprechenden Bewertungsprogramme verfügt.

Darüber hinaus hat der Steuerberater oder Fachanwalt in der Regel auch Zugang zu den **erforderlichen Datenbanken** (z. B. für Bodenrichtwerte als Bewertungsparameter) oder speziellen **Fachkommentaren** im Fall von Spezialfragen oder rechtlichen Auslegungsfragen. Der Steuerberater oder Fachanwalt überträgt die Bewertungsergebnisse weiterhin in die für steuerliche Zwecke zu erstellenden **Erbschaftsteuer- und Feststellungserklärungen**.

Während ein Steuerberater/Fachanwalt in den meisten Fällen insoweit zwingend erforderlich sein dürfte, wird ein (optionaler) **Gutachter** in der Regel nur dann zum Einsatz kommen, wenn Chancen bestehen, den im vereinfachten Ertragswertverfahren ermittelten Wert durch eine niedrigere gutachterliche Bewertung zu widerlegen.

e) Welche Unterlagen werden für die Bewertung benötigt?

Für die steuerliche Bewertung werden zunächst die allgemeinen Unternehmensdaten benötigt. Neben der aktuellsten Version des **Gesellschaftsvertrags** empfiehlt sich ein **aktueller Abruf** des **Handelsregisters**.

Für Zwecke des vereinfachten Ertragswert- und des Substanzwertverfahrens werden in der Regel die **letzten drei Jahresabschlüsse** benötigt. Für Unternehmen mit mehr als fünf Beschäftigten sind zusätzlich die Lohnsummen der letzten fünf vor dem Bewertungsstichtag liegenden Wirtschaftsjahre zu bestimmen, daher sind ab fünf Mitarbeitern in der Regel die **letzten fünf Jahresabschlüsse** erforderlich und dem Steuerberater zur Verfügung zu stellen.

Praxishinweis:

Für die Erben ist zu empfehlen, den Steuerberater des bzw. der zu bewertenden Unternehmen zu kontaktieren, da dieser in der Regel Zugriff auf die letzten drei bzw. fünf Jahresabschlüsse und die allgemeinen Unternehmensdaten haben dürfte.

---

2. Vereinfachtes Ertragswertverfahren

a) Wie funktioniert das vereinfachte Ertragswertverfahren?

Die für das vereinfachte Ertragswertverfahren relevanten Bewertungsvorschriften sind in den §§ 199 bis 203 BewG geregelt. Das vereinfachte Ertragswertverfahren kommt für die Bewertung von

- Einzelunternehmen (gewerblich oder selbstständig),
- Anteilen an Personengesellschaften (mit Betriebsvermögen) und
- nicht börsennotierten Anteilen an Kapitalgesellschaften zur Anwendung.

Voraussetzung ist jeweils, dass das vereinfachte Ertragswertverfahren nicht zu offensichtlich unzutreffenden Ergebnissen führt (§ 199 Abs. 1 und Abs. 2 BewG).

Der Ertragswert im vereinfachten Ertragswertverfahren ergibt sich durch den „**zukünftig nachhaltig erzielbaren Jahresertrag**" (iSv § 201 und § 202 BewG) multipliziert mit dem **Kapitalisierungsfaktor** iSv § 203 BewG.

Vereinfachter Ertragswert

= Jahresertrag (§§ 201, 202 BewG) x Kapitalisierungsfaktor (§ 203 BewG)

Wegen der Bewertungsproblematik, den zukünftigen nachhaltig erzielbaren Jahresertrag zu bestimmen und zu besteuern, wird stattdessen auf den in der **Vergangenheit tatsächlich** erzielten **Durchschnittsertrag** abgestellt (§ 201 Abs. 1 BewG).

Der Durchschnittsertrag ist regelmäßig aus den **letzten drei** vor dem Bewertungsstichtag abgelaufenen Wirtschaftsjahren herzuleiten. Insoweit kommen regelmäßig die in den letzten drei Jahresabschlüssen vor Todesstichtag ermittelten Jahresergebnisse zur Anwendung. Die Summe der Betriebsergebnisse ist durch drei zu dividieren, um den Durchschnittsertrag zu bestimmen, der insoweit nach § 201 Abs. 2 Satz 4 BewG den **Jahresertrag** darstellt.

Abweichend hiervon ist anstelle des drittletzten Jahresabschlusses der Jahresabschluss des im Todeszeitpunkt liegenden **noch laufenden Wirtschaftsjahres** heranzuziehen, wenn es für die Herleitung des künftig zu erzielenden Jahresertrages von Bedeutung ist. In diesem Fall ist das gesamte Betriebsergebnis des noch nicht abgelaufenen Wirtschaftsjahres anzusetzen (§ 201 Abs. 2 Satz 2 BewG).

Von einer „Bedeutung" für die künftige Herleitung des Jahresertrages ist auszugehen, wenn sich die Ertragssituation aufgrund eines **wesentlichen Ereignisses nachhaltig geändert** hat und der Durchschnittsertrag der letzten drei Jahre nicht mehr den zukünftigen Jahresertrag zutreffend abbildet.

> **Beispiel:**
> Die Kosmetik GmbH hat in den Jahren 2022, 2023, 2024 und 2025 folgende Betriebsergebnisse erzielt.
> 2022: € 200.000
> 2023: € 150.000
> 2024: € 100.000
> 2025: € 50.000
> Im Jahr 2024 stellt sich heraus, dass die Topseller Gesichtscreme „Beauty" der Kosmetik GmbH krebserregend ist. Die Umsätze und Erträge gehen insoweit nachhaltig zurück. Der Gründer der Kosmetik GmbH nimmt sich daraufhin im Januar 2025 das Leben. Der neue Geschäftsführer rechnet damit, dass auch zukünftig allenfalls ein Betriebsergebnis von € 50.000 zu erwarten ist, da das Image der Kosmetik GmbH am Markt nachhaltig geschädigt ist.
>
> **Lösung:** Anstelle des Jahres 2022 sind die Betriebsergebnisse der Jahre 2023, 2024 und 2025 anzusetzen, um den Durchschnittsertrag zu bestimmen. Der Durchschnittsbetrag beträgt € 100.000 (= € 150.000 für 2023, € 100.000 für 2024 und € 50.000 für 2025.)

Ein kürzerer Ermittlungszeitraum ist weiterhin gemäß § 201 Abs. 3 BewG für die Fälle vorgesehen, in denen sich der Charakter des Unternehmens nachhaltig verändert (**Strukturwandel**) hat oder ein Unternehmen neu entstanden ist (**Neugründung**).

Nach § 203 BewG beträgt der **Kapitalisierungsfaktor 13,75**. Im Ergebnis wird der vereinfachte Ertragswert danach praktisch wie folgt ermittelt:

Vereinfachter Ertragswert
= (Betriebsergebnisse der letzten drei Jahre / 3) x 13,75

Weiterführung Beispiel: Die Kosmetik GmbH hätte bei einem Jahresertrag von € 100.000 einen vereinfachten Ertragswert iHv € 1.375.000 Mio. (= € 100.000 x 13,75).

b)   Wie wird das Betriebsergebnis ermittelt?

Um das für erbschaftsteuerliche Bewertungszwecke relevante **Betriebsergebnis** zu bestimmen ist der Steuerbilanzgewinn (iSv § 4 Abs. 1 EStG) erforderlich. Es kommt insoweit nicht auf den handelsbilanziellen Jahresüberschuss, sondern den **steuerbilanziellen Jahresüberschuss** der letzten drei Geschäftsjahre an. Das steuerbilanzielle Ergebnis wird entweder aus dem handelsbilanziellen Jahresüberschuss abgeleitet oder originär für steuerliche Zwecke ermittelt.

Der Steuerbilanzgewinn iSv § 4 Abs. 1 EStG bildet den „**Ausgangswert**" für die Ableitung des erbschaftsteuerlichen Betriebsergebnisses und ist durch **Hinzurechnungen** und **Kürzungen** zu korrigieren. Ziel dieser Korrekturen ist es, den Steuerbilanzgewinn von gewissen **Sonder- oder Einmaleffekten** zu bereinigen und ein nachhaltiges „normalisiertes" Ergebnis zu ermitteln.

Wesentliche Korrekturen betreffen im Einzelnen:

- **Einmalige Veräußerungsgewinne** und **außerordentliche Erträge** sind zu kürzen. Korrespondierend sind einmalige Veräußerungsverluste und außerordentliche Aufwendungen hinzuzurechnen.

- **Wertminderungen/Wertaufholungen**: Es dürfen nur die normalen Abschreibungen und nicht erhöhte oder vorgezogene Wertminderungen berücksichtigt werden. Dementsprechend sind Investitionsabzugsbeträge, Sonderabschreibungen oder erhöhte Absetzungen, Bewertungsabschläge, Zuführungen zu steuerfreien Rücklagen sowie Teilwertabschreibungen hinzuzurechnen.
- Umgekehrt sind gewinnerhöhende **Auflösungsbeträge steuerfreier Rücklagen** sowie Gewinne aus der Rückgängigmachung von **Teilwertabschreibungen** zu kürzen.
- Absetzungen auf den **Geschäfts- und Firmenwert** oder auf **firmenwertähnliche Wirtschaftsgüter** sind hinzuzurechnen.
- **Subventionen:** Im Gewinn enthaltene Investitionszulagen sind abzuziehen, soweit in der Zukunft nicht im gleichen Umfang damit gerechnet werden kann. Korrespondierend sind im Gewinn nicht enthaltene Investitionszulagen hinzuzurechnen, soweit damit zukünftig im gleichen Umfang zu rechnen ist.
- **Unternehmerlohn:** Sofern in dem Gewinn kein angemessener Unternehmerlohn enthalten ist, ist dieser zusätzlich abzuziehen. Die Höhe des angemessenen Unternehmerlohnes soll anhand eines Fremdvergleichs bestimmt werden. Maßstab für die Höhe des angemessenen Unternehmerlohnes ist die Vergütung, die eine nicht beteiligte Geschäftsführung erhalten würde. Neben dem Unternehmerlohn kann auch fiktiver Lohnaufwand für bislang **unentgeltlich arbeitende Familienmitglieder** abgezogen werden.
- **Ertragsteueraufwand** (Körperschaftsteuer, Zuschlagsteuern und Gewerbesteuer) ist hinzuzurechnen. Umgekehrt sind Erträge aus der Erstattung von Ertragsteuern zu kürzen. Stattdessen ist **typisiert** zur **Abgeltung des Ertragsteueraufwands** ein positives Betriebsergebnis um **30 %** zu mindern.
- Erträge in Zusammenhang mit **Vermögen** im Sinne des § 200 Abs. 2 bis 4 BewG sind abzuziehen und übernommene Verluste aus **Beteiligungen** im Sinne des § 200 Abs. 2 bis 4 BewG sind hinzuzurechnen, Aufwendungen in Zusammenhang mit **Vermögen** iSv § 200 Abs. 2 und 4 BewG sind hinzuzurechnen.

- § 200 Abs. 2 BewG: **Nicht betriebsnotwendiges Vermögen oder Schulden**: Können Wirtschaftsgüter und damit zusammenhängende Schulden aus dem zu bewertenden Unternehmen herausgelöst werden, ohne die eigentliche Unternehmenstätigkeit zu beeinträchtigen, so werden diese Wirtschaftsgüter und Schulden mit dem eigenständig zu ermittelnden gemeinen Wert angesetzt.
- § 200 Abs. 3 BewG: **Anteile an Tochtergesellschaften und Beteiligungen**: Hält ein zu bewertendes Unternehmen Beteiligungen an anderen Gesellschaften (Personen- oder Kapitalgesellschaften), die nicht bereits als nicht betriebsnotwendiges Vermögen iSv § 200 Abs. 2 BewG herausgelöst werden, so werden diese Beteiligungen separat mit dem gemeinen Wert bewertet.
- § 200 Abs. 4 BewG: **Innerhalb von 2 Jahren** vor dem Bewertungsstichtag **eingelegte Wirtschaftsgüter**, die nicht bereits als nicht betriebsnotwendiges Vermögen oder als Beteiligungen gesondert bewertet werden, sind separat mit dem gemeinen Wert zu bewerten.

Im Rahmen des vereinfachten Ertragswertverfahrens werden insoweit zu dem eigentlichen Ertragswert des Unternehmens noch gesondert die gemeinen Werte von

- nicht betriebsnotwendigen Vermögen
- Beteiligungen an Gesellschaften (Personen- oder Kapitalgesellschaften)
- innerhalb von 2 Jahren eingelegten Wirtschaftsgütern

hinzugerechnet.

Praxishinweis:

Dies bedeutet, dass Wirtschaftsgüter zwei Jahre vor Todesstichtag in das Unternehmen eingelegt werden müssen, damit sie in dem allgemeinen Ertragswert aufgehen und diesen nicht ein gesonderter eigener gemeiner Wert im Rahmen des Ertragswertverfahrens zuzurechnen ist.

---

3. Substanzwertverfahren

a) Wie funktioniert das Substanzwertverfahren?

Beim Substanzwertverfahren wird der **Nettovermögenswert** eines Unternehmens ermittelt, indem sämtliche **Vermögensgegenstände** und **Schulden** zu einem bestimmten Zeitpunkt erfasst und **saldiert** werden. Für erbschaftsteuerliche Zwecke definiert der Substanzwert eines Unternehmens zugleich den steuerlichen Mindestwert.

Zur Funktionsweise und Bewertungsmethodik des Substanzwertverfahrens finden sich im **Bewertungsgesetz** wenige Hinweise. In § 11 Abs. 2 Satz 3 BewG wird lediglich angeführt, dass der Substanzwert eines Unternehmens bei der Bewertung nicht unterschritten werden darf. Die Finanzverwaltung hat in ihren **Erbschaftsteuerrichtlinien** zu § 11 BewG weiterführende Hinweise zur Bestimmung des Substanzwertes veröffentlicht (siehe R B 11.5 ErbStR). Diese Richtlinien sind formell nur für die **Finanzverwaltung verbindlich**, geben jedoch in praktischer Hinsicht insoweit das allgemeine Grundgerüst für das Substanzwertverfahren vor.

Bei der Ermittlung des Substanzwertes sind dem Grunde nach alle Wirtschaftsgüter einzubeziehen, die zum **Betriebsvermögen** (iSv §§ 95 bis 97 BewG) eines Unternehmens gehören (R B 11.5 Abs. 2 ErbStR). Bei Einzelunternehmen, Personengesellschaften und Kapitalgesellschaften richtet sich der Umfang des Betriebsvermögens grundsätzlich nach dem ertragsteuerlichen Betriebsvermögen am Bewertungsstichtag (R B 11.5 Abs. 3 Satz 1 ErbStR). Ausgangspunkt der erbschaftsteuerlichen Wertermittlung bildet danach grundsätzlich die für **ertragsteuerliche Zwecke** aufzustellende **Bilanz** des Unternehmens. Ungeachtet der für ertragsteuerliche Zwecke geltenden Bilanzierungsvorschriften sollen aktive und passive Wirtschaftsgüter auch dann in die erbschaftsteuerliche Bewertung einzubeziehen sein, wenn für diese ein Aktivierungs- oder Passivierungsverbot besteht. Dies hat nach Ansicht der Finanzverwaltung folgende Konsequenzen:

- **Drohverlustrückstellungen:** Drohverlustrückstellungen, die steuerlich nicht bilanziert werden dürfen, sind bei der Ermittlung des Substanzwertes gleichwohl bewertungsmindernd anzusetzen.
- **Immaterielle Vermögensgegenstände:** Immaterielle Vermögensgegenstände wie z. B. Patente, Lizenzen, Warenzeichen, Markenrechte oder Konzessionen etc. sind bei der Ermittlung des Substanzwertes erhöhend anzusetzen, unabhängig davon, ob sie selbst geschaffen oder entgeltlich erworben wurden.
- **Geschäfts- und Firmenwert:** Ein Geschäfts- und Firmenwert sowie firmenwert- oder praxiswertbildende Faktoren sind einzubeziehen, wenn diesen ein eigenständiger Wert zugewiesen werden kann. Dies ist nach Ansicht der Finanzverwaltung z. B. bei einem Kundenstamm oder Know-how der Fall und soll unabhängig davon gelten, ob sie selbst geschaffen oder entgeltlich erworben wurden.
- **Latente Steuern:** Eine zukünftige Ertragsteuerbelastung (latente Steuern) ist wertmindernd zu berücksichtigen.
- **Rücklagen und Ausgleichsposten** mit Rücklagencharakter sind im Allgemeinen nicht abzugsfähig, weil sie Eigenkapitalcharakter haben (R 11.5 Abs. 4 ErbStR).

In dem Substanzwert sollen dem Grunde nach danach alle wertbildenden Vermögensgegenstände (Anlagevermögen und Umlaufvermögen) und wertmindernden Faktoren (Schulden, Rückstellungen) einzubeziehen sein.

b) Wie werden die Werte der Vermögensgegenstände ermittelt?

Der Höhe nach sind die zum Betriebsvermögen gehörenden Wirtschaftsgüter und sonstigen aktiven Ansätze sowie die zum Betriebsvermögen gehörenden Schulden und sonstigen Abzüge bei der Ermittlung des Substanzwertes mit dem **gemeinen Wert** anzusetzen (§ 11 Abs. 2 Satz 3 BewG, R B 11.5 Abs. 5 ErbStR).

Auch im Substanzwertverfahren werden (wie im Ertragswertverfahren)

- Grundbesitz
- Anteile an Personengesellschaften mit Betriebsvermögen
- Anteile an Kapitalgesellschaften

gesondert bewertet und mit den nach § 151 Abs. 1 Satz 1 Nr. 1 bis 3 BewG festzustellenden Wert angesetzt. Dies hat folgende praktischen Konsequenzen:

- **Grundbesitz:**
  - In **Deutschland** gelegener Grundbesitz ist grundsätzlich mit den steuerlichen typisierten Bewertungsverfahren für Immobilien (Vergleichswertverfahren, Ertragswertverfahren oder Sachwertverfahren) zu bewerten (§§ 182 BewG ff.)
  - Für in der **Europäischen Union** (EU) gelegenen Grundbesitz können grundsätzlich die steuerlichen Bewertungsverfahren (Vergleichswertverfahren, Ertragswertverfahren oder Sachwertverfahren) analog angewendet werden. Da in praktischer Hinsicht die hierfür relevanten Bewertungskennzahlen mitunter nicht verfügbar sind, wird ungeachtet dessen oftmals ein Bewertungsgutachten eines ausländischen Sachverständigen angefordert oder erstellt.
  - Für in **Drittstaaten** (also nicht in der EU und nicht in Deutschland) gelegene Immobilien ist der gemeine Wert gemäß § 9 BewG und § 31 BewG zu bestimmen. In praktischer Hinsicht kommen hier Bewertungsgutachten von ausländischen Sachverständigen zum Einsatz.
- **Anteile an Personen- oder Kapitalgesellschaften:**
  - Befinden sich **Anteile an Personen- oder Kapitalgesellschaften** im Unternehmensvermögen, werden diese grundsätzlich ebenso gesondert bewertet und für diese ein gemeiner Wert festgestellt. Für Anteile an inländischen Personen- oder Kapitalgesellschaften wird der gemeine Wert der Anteile in der Regel mittels **vereinfachten Ertragswertverfahren- und Substanzwertver-**

fahren bestimmt, wenn dieser Wert für die Feststellung des zu bewertenden Unternehmens von Bedeutung ist.

– Auch bei der Bewertung von **ausländischen Anteilen** an Personen und Kapitalgesellschaften kann das vereinfachte Ertragswertverfahren und Substanzwertverfahren analog angewendet werden (R B 199.2 ErbStR). Die Ermittlung der Bewertungsgrundlagen hat in der jeweiligen Landeswährung zu erfolgen und der ermittelte Ertragswert ist dann zum Bewertungsstichtag mit dem Devisenkurs umzurechnen.

VII. Wie wird mein Unternehmen im Erbfall besteuert?

1. Welche steuerlichen Stellschrauben gibt es?

a) Welchen Einfluss hat die Rechtsform auf die Besteuerung?

Bei der Besteuerung von Unternehmen im Erbfall sind verschiedenste Stellschrauben zu beachten. Für Erbschaftsteuerzwecke und die Inanspruchnahme steuerlicher Vergünstigungen macht es einen Unterschied, ob

- die Rechtsform einer Personen- oder Kapitalgesellschaft übertragen wird,
- ob die Personen- oder Kapitalgesellschaft gewerblich oder vermögensverwaltend tätig ist und
- welche Anteilsquote der Erblasser im Ganzen oder stückweise auf ein oder mehrere Erwerber überträgt.

Das Erbschaftsteuergesetz ist an sich grundsätzlich nicht rechtsformneutral ausgestaltet, wodurch sich gleichermaßen Gestaltungs- und Risikopotentiale für die Besteuerung von Unternehmen im Erbfall ergeben.

Der Gesetzgeber sieht für Unternehmen die Möglichkeit vor, dass diese entweder

- im Wege der **Regelverschonung** zu 85 % (§ 13a Abs. 1 ErbStG) oder
- im Wege der **Optionsverschonung** zu 100 % (§ 13a Abs. 10 ErbStG) steuerbefreit übertragen werden können.

Die Optionsverschonung ist nur auf **Antrag** möglich und hat restriktivere Voraussetzungen als die Regelverschonung bei der Inanspruchnahme (z. B. max. 20% statt 90% Verwaltungsvermögensquote, vgl. VII.2.a.)) und Einhaltung der Sperrfristen. Die Regel- und Optionsverschonung werden gesetzlich als sog. **Verschonungsabschlag** bezeichnet (§ 13a Abs. 1 und 10 ErbStG).

Um den Verschonungsabschlag in Anspruch zu nehmen, ist bei der Rechtsform einer Personengesellschaft oder bei Einzelunternehmen erforderlich, dass diese dem Grunde nach **gewerblich** oder **selbstständig tätig** sind, da steuerliches **Betriebsvermögen** für begünstigungsfähiges Vermögen vorausgesetzt wird.

Originär **vermögensverwaltende** Personengesellschaften oder Einzelpersonen, die lediglich Privatvermögen (z. B. Aktien- oder Immobilienvermögen) verwalten, können **nicht** den Verschonungsabschlag in Anspruch nehmen, da in diesen Fällen kein steuerliches Betriebsvermögen vorliegt. Im Erbfall werden vermögensverwaltende Personengesellschaften oder Privatvermögen mit den gemeinen Werten der einzelnen Vermögensgegenstände abzüglich Schulden und ohne steuerliche Begünstigungen besteuert.

Bei **Kapitalgesellschaften** ist der Anwendungsbereich für die Inanspruchnahme des Verschonungsabschlages dem Grunde nach – abweichend zu Personengesellschaften – eröffnet, auch wenn diese lediglich vermögensverwaltend tätig sind. Neben gewerblich tätigen Kapitalgesellschaften können daher auch vermögensverwaltend tätige Kapitalgesellschaften grundsätzlich im Erbfall begünstigungsfähiges Vermögen sein. Ungeachtet dessen, müssen vermögensverwaltende Kapitalgesellschaften den anschließenden 90%-Test (vgl. VII.2.a.)) bestehen, was in vielen Fällen praktisch eine steuerbegünstigte Übertragung vermögensverwaltender Kapitalgesellschaften ausschließen dürfte.

Der Verschonungsabschlag setzt bei gewerblichen oder vermögensverwaltenden Kapitalgesellschaften weiter voraus, dass der Erblasser im Erbfall zu mehr als 25% beteiligt ist. Insoweit können bei Kapitalgesellschaften grundsätzlich nur **qualifizierte Beteiligungen** (> 25%) steuerbefreit übertragen werden. Bei Personengesellschaften gibt es abgrenzend dazu keine solche Mindestbeteiligungsquote, so dass auch Streubesitzanteile steuerbegünstigt übertragen werden können.

Eine im nachfolgenden Kapitel dargestellte **Gestaltungsvariante** zur steuerbegünstigten Übertragung von Streubesitzanteilen an Kapitalgesellschaften stellt der Abschluss von sog. **Poolvereinbarungen** dar (vgl. VII.1.b)). Das Mindestbeteiligungserfordernis von mehr als 25 % muss vor allem in Kombination mit stückweisen Schenkungen zu Lebzeiten beachtet werden. Verbleiben zum Todesstichtag nicht mehr als 25 % der Anteile an der Kapitalgesellschaft, ist keine steuerbegünstigte Übertragung mehr möglich.

Unterschiede zwischen Personen- und Kapitalgesellschaften ergeben sich auch in Zusammenhang mit im **Privateigentum stehenden Vermögensgegenständen**, die für betriebliche Zwecke genutzt oder überlassen werden. Dies können zum Beispiel im Privateigentum stehende PKW, Darlehensforderungen oder Immobilien sein. Bei gewerblichen oder selbstständig tätigen **Personengesellschaften** zählen solche betrieblich genutzten Gegenstände des Privatvermögens zum sog. **Sonderbetriebsvermögen** und können damit im Erbfall zusammen mit den eigentlichen Anteilen an der Personengesellschaft steuerbegünstigt übertragen werden.

> **Beispiel:**
>
> Gesellschafter A besitzt eine Immobilie im Privateigentum, die er als Bürogebäude an die ABC-KG vermietet. Die Büroimmobilie zählt zum Sonderbetriebsvermögen des A bei der ABC-KG. Sofern A verstirbt, würde die Büroimmobilie neben seinen Anteilen an der ABC-KG zum steuerbegünstigungsfähigen (Sonder-)Betriebsvermögen zählen.

Bei **Kapitalgesellschaften** können dagegen im Privateigentum stehende Vermögensgegenstände grundsätzlich **nicht** steuerbegünstigt mitübertragen werden. Vermietet ein Gesellschafter einer Kapitalgesellschaft insoweit eine Immobilie an eine Kapitalgesellschaft, so zählt diese abweichend zu einer Personengesellschaft nicht zum begünstigten Vermögen. Besonderheiten ergeben sich lediglich in sog. **Betriebsaufspaltungsfällen**, bei denen wesentliche Vermögensgegenstände des Privatvermögens von kontrollierenden Gesellschaftern oder Gesellschaftergruppen an eine Kapitalgesellschaft überlassen werden. Betriebsaufspaltungsfälle sind meist ein ungewollter und unentdeckter Risikofaktor in der Erbfolgeplanung, können aber auch für Gestaltungszwecke genutzt werden (vgl. VIII. 2).

Die Rechtsform einer **GmbH & Co. KG** ist eine Kommanditgesellschaft bei der der Komplementär (= persönlich haftender Gesellschafter) keine natürliche Person, sondern aus Haftungsgründen eine GmbH ist. **Originär gewerblich** oder **selbstständig** tätige GmbH & Co. KGs zählen als Personengesellschaft zum begünstigungsfähigen Vermögen.

Vermögensverwaltend tätige GmbH & Co. KG zählen in **gewerblich geprägter Form** ebenso zum begünstigungsfähigen Vermögen (§ 13b Abs. 1 Nr. 2 ErbStG iVm § 97 Abs. 1 Nr. 5 Satz 1 BewG). **Gewerblich entprägte** GmbH & Co. KGs werden dagegen wie originär vermögensverwaltende Personengesellschaften aus der Summe ihrer Einzelwirtschaftsgüter ohne Verschonungsabschlag bewertet und besteuert. Bei der Rechtsform einer GmbH & Co. KG ergibt sich über die gewerbliche Prägung bzw. Entprägung insoweit ein gewisser **Gestaltungsspielraum**, ob der Anwendungsbereich für den Verschonungsabschlag bei vermögensverwaltender Tätigkeit eröffnet ist oder nicht. Die gewerbliche Prägung und Entprägung wird durch die Haftungs- und Geschäftsführerfunktionen bei der GmbH & Co. KG gestaltet und gesteuert (s. auch *Wacker*, in: Schmid, § 15 EStG, 2024, 34. Aufl., Rz. 211).

Die nachfolgende Tabelle fasst die rechtsformabhängigen Fallvarianten zusammen, wann der 85 %ige oder 100 %ige Verschonungsabschlag (§ 13a Abs. 1 oder 10 ErbStG) dem Grunde nach möglich ist, also **begünstigungsfähiges Vermögen** iSv § 13b Abs. 1 ErbStG vorliegt. Sofern in erster Stufe begünstigungsfähiges Vermögen vorliegt, wird auf zweiter Stufe geprüft, welcher Anteil des Vermögens tatsächlich begünstigt werden kann. Welche Bedeutung die Zusammensetzung des Vermögens hierbei hat und worauf zu achten ist, wird in VII.2. erläutert. Besonderheiten bei dem Erwerb von Großvermögen größer € 26 Mio. pro Erwerber (§§ 13c ErbStG und 28a ErbStG) werden nicht in die nachfolgende Betrachtung einbezogen.

Tab. 2: Übersicht Verschonungsabschlag nach Rechtsformen

Personengesellschaften	Vermögensverwaltende PersGes/gewerblich entprägte GmbH & Co. KG		Gewerbliche PerGes oder vermögensverwaltend geprägte GmbH & Co. KG	
Beteiligungshöhe	Keine Mindestbeteiligung.		Keine Mindestbeteiligung.	
Verschonungsabschlag möglich?	Nein.		Ja.	
Steuerbegünstigte Mitübertragung Privateigentum?	Nein.		Ja, als Sonderbetriebsvermögen.	
Kapitalgesellschaften	Vermögensverwaltende KapGes		Gewerbliche KapGes	
Beteiligungshöhe	Bet. > 25 %	Bet. ≤ 25 %	Bet. > 25 %	Bet. ≤ 25 %
Verschonungsabschlag möglich?	Grds. nein, außer Betriebsaufspaltungsfälle.	Nein.	Grds. nein, außer Betriebsaufspaltungsfälle.	–
Steuerbegünstigte Mitübertragung Privateigentum?	Ja.	Nein.	Ja.	Nein.

b) Welchen Einfluss hat die Höhe meiner Beteiligungsquote am Unternehmen auf die Besteuerung?

Bei gewerblich oder selbstständig tätigen **Einzelunternehmen/Praxen/ Sozietäten** gibt es keine Anteile oder Beteiligungsquoten, da die Vermögenswerte dem Betriebsinhaber direkt zugerechnet werden. Gleiches gilt für die Übertragung von **Teilbetrieben**. Das Betriebsvermögen oder Teilbetriebsvermögen eines Einzelunternehmers kann danach gemäß §§ 13a,b ErbStG unabhängig von einer Beteiligungshöhe steuerbegünstigt übertragen werden.

Für **Personengesellschaften** in Form von Mitunternehmerschaften (§ 15 EStG), entweder als originär gewerblich oder selbstständig tätige

Personengesellschaft oder als gewerblich geprägte GmbH & Co. KG, ist die steuerbegünstigte Inanspruchnahme des Verschonungsabschlages nach den §§ 13a,b ErbStG ebenso **unabhängig** von der Höhe der Beteiligungsquote. Auch zum Beispiel eine 0,1%ige Beteiligung an einer Kommanditgesellschaft kann damit grundsätzlich zu 85% oder 100% steuerbegünstigt übertragen werden.

Bei **Kapitalgesellschaften** setzt die Möglichkeit einer steuerbefreiten Übertragung nach § 13a,b ErbStG voraus, dass eine Mindestbeteiligung von mehr als 25% am **Nennkapital** besteht (§ 13b Abs. 1 Nr. 3 Satz 1 ErbStG). Bei einer GmbH ist das Nennkapital das Stammkapital und bei einer AG das Grundkapital. Es muss eine Beteiligung von **mehr als 25%** vorliegen, eine Beteiligung von gleich 25% kann insoweit nicht steuerbegünstigt übertragen werden. Die Beteiligung am Nennkapital muss weiter **unmittelbar** bestehen. Nicht ausreichend ist danach, wenn die Beteiligung lediglich mittelbar z. B. über Holdinggesellschaften vermittelt wird.

Beispiel:

A hatte zum Todeszeitpunkt eine unmittelbare Beteiligung von 25,1% an der X-GmbH. Die Beteiligung an der X-GmbH kann insoweit steuerbefreit nach § 13a, b ErbStG übertragen werden.

Beispiel:

A hat eine 100% Beteiligung an der A-Holding GmbH und der B-Holding GmbH. Die A-Holding GmbH und die B-Holding GmbH halten jeweils 12,55% an der X-GmbH. Obwohl A über die die A-Holding GmbH und B-Holding GmbH zusammen mittelbar 25,1% der Anteile an der X-GmbH hält, zählen die Anteile an der X-GmbH nicht zum begünstigungsfähigen Vermögen iSv § 13b Abs. 1 Nr. 3 ErbStG, da A nicht unmittelbar eine Beteiligung von mehr als 25% hält.

Als **Rechtsformen** für Kapitalgesellschaften kommen grundsätzlich GmbH, AG, KGaA und die Europäische Aktiengesellschaft (SE) in Betracht. Weiterhin vergleichbare Rechtsformen in EU und EWR-Staaten. Drittstaaten-Kapitalgesellschaften können dagegen nicht begünstigungsfähiges Vermögen iSv § 13b Abs. 1 Nr. 3 ErbStG sein.

Der Erwerb von Anteilen an Kapitalgesellschaften gehört nur dann zum begünstigungsfähigen Vermögen, wenn der Erblasser zum Zeitpunkt der Entstehung der Steuer (§ 9 ErbStG) unmittelbar zu mehr als 25 % beteiligt war. Maßgeblich ist die Beteiligungsquote des Erblassers zum Todeszeitpunkt (= relevanter Besteuerungszeitpunkt im Erbfall). Es gilt eine ausschließlich **erblasserorientierte Sichtweise** zum Zeitpunkt der Erbschaft. Es kommt insoweit nicht darauf an, in welcher Höhe Anteile auf den bzw. die Erwerber übergehen.

Beispiel:

A ist zu 50 % an der A-GmbH beteiligt. Er regelt in seinem Testament, dass seine vier Kinder zu gleichen Teilen erben sollen. Am 30.6.2025 verstirbt A. Jedes Kind erbt 12,5 % der Anteile der A-GmbH. Obwohl jedes Kind nur 12,5 % der Anteile an der A-GmbH erhält, zählen die jeweiligen 12,5 %igen Anteile zum begünstigungsfähigen Vermögen, da allein entscheidend ist, dass der Erblasser zum Zeitpunkt der Schenkung mehr als 25 % beteiligt war.

Für die Bestimmung der Mindestbeteiligungsquote gilt weiterhin ein strenges **Stichtagsprinzip**. Eine bestimmte Vorbesitzzeit ist nicht erforderlich. Für die Erreichung der Mindestbeteiligungsquote genügt es insoweit, wenn diese kurz vor dem Tod, zum Beispiel durch Kauf oder Kapitalerhöhung, aufgestockt wurde.

Beispiel:

A hält an der X-GmbH eine Beteiligung von 25 %. Die 25 %ige Beteiligung ist nicht begünstigungsfähig, da eine Beteiligung von mehr als 25 % erforderlich ist. Am 15.6.2025 kauft A von einem Mitgesellschafter der X-GmbH einen weiteren Anteil von 1 %. Am 17.7.2025 verstirbt A. Die Anteile an der X-GmbH zählen zum begünstigungsfähigen Vermögen, da A zum Todeszeitpunkt zu 26 % und damit mehr als 25 % beteiligt war.

Die Einhaltung des Stichtagsprinzips muss bei der Unternehmensnachfolge und vorweggenommenen Schenkungen beachtet werden und insbesondere **schädliche Vorschenkungen** vermieden werden, die zu einem Unterschreiten der Mindestbeteiligungsquote im Erbfall führen würden.

Beispiel:

V hält 50 % an der X-GmbH am 15.6.2025 überträgt er 25 % schenkweise auf seinen Sohn S. am 30.6.2025 verstirbt V. Die schenkweise Übertragung der ersten 25 % ist grundsätzlich begünstigungsfähig nach § 13a,b ErbStG. Die restlichen 25 % zum Todeszeitpunkt 30.6.2025 sind dagegen nicht begünstigungsfähig, da V als Erblasser nicht zu mehr als 25 % beteiligt war.

Nach § 13b Abs. 1 Nr. 3 Satz 2 ErbStG sind für die Bestimmung der **Mindestbeteiligungsquote** neben den unmittelbaren Anteilen **auch** „Anteile weiterer Gesellschafter" einzubeziehen, wenn der Erblasser und die weiteren Gesellschafter untereinander verpflichtet sind,

- über die Anteile nur einheitlich zu verfügen *oder* auf andere derselben Verpflichtung unterliegende Anteilseigner zu übertragen (sog. **Verfügungsbeschränkung**) *und*
- das Stimmrecht gegenüber nichtgebundenen Gesellschaftern einheitlich auszuüben (sog. **Einheitliche Stimmrechtsbindung**).

Entsprechende Vereinbarungen, die Verfügungsbeschränkungen und Stimmrechtsbindungen vorsehen, werden in der Praxis „**Poolvereinbarungen**" genannt. Poolvereinbarungen sind insoweit ein Gestaltungsmittel, um für Anteile von weniger als 25 % dennoch eine steuerbegünstigte Übertragung nach § 13a,b ErbStG erreichen zu können. Der Abschluss einer Poolvereinbarung ist eine in der Praxis weitläufige Gestaltung, um auch für Streubesitzanteile in Familienbesitz begünstigungsfähiges Vermögen zu schaffen.

Beispiel:

Die Geschwister A, B und C halten jeweils 12,5 % an der X-GmbH. Jeder für sich überschreitet nicht unmittelbar die Mindestbeteiligungsschwelle von 25 %. A, B und C schließen eine Poolvereinbarung, nach der sich die Geschwister verpflichten, ihr Stimmrecht nur einheitlich auszuüben und die Anteile nur einheitlich zu veräußern oder untereinander zu übertragen. Durch den Abschluss der Poolvereinbarung wären die jeweiligen 12,5 %-Anteile begünstigungsfähiges Vermögen für Zwecke der Erbschaftsteuer.

Die Poolvereinbarung kann zwischen allen Gesellschaftern einer Kapitalgesellschaft abgeschlossen werden, es ist keine familiäre oder verwandtschaftliche Beziehung der Gesellschafter für eine Poolvereinbarung erforderlich, auch zwischen fremden Dritten kann insoweit eine Poolvereinbarung abgeschlossen werden.

Die Poolvereinbarung ist nicht auf natürliche Personen beschränkt, sondern kann auch zwischen in- und ausländischen Gesellschaften, gleich welcher Rechtsform, begründet werden.

(A) Verfügungsbeschränkung und
(B) Stimmrechtsbindung müssen **gemeinsam** vorliegen.

Für die Erreichung einer **Verfügungsbeschränkung** bestehen zwei Alternativen:

(1) Die Gesellschafter verpflichten sich, nur einheitlich über die Anteile zu verfügen.
(2) Die Gesellschafter verpflichten sich gegenseitig, die Anteile ausschließlich auf andere, derselben Verpflichtung unterliegende Anteilseigner, zu übertragen.

Zu (1): Eine **einheitliche Verfügung** setzt voraus, dass in der Poolvereinbarung für die Poolmitglieder die gleichen Verfügungsregeln hinsichtlich der gepoolten Anteile festgelegt sind (R E 13b.6 Abs. 4 S. 5 ErbStR). Daraus muss sich ergeben, dass die Anteile nur an einen bestimmten Personenkreis, z.B. Familienmitglieder, einen Familienstamm oder eine Familienstiftung, übertragen werden dürfen oder dass eine Übertragung der Zustimmung der Mehrheit der Poolmitglieder bedarf. Es ist nicht erforderlich, dass alle Poolmitglieder zum selben Zeitpunkt über ihre Anteile verfügen oder die Anteile auf dieselbe Person übertragen. Die Forderung einer einheitlichen Verfügung ist insoweit auf die Einschränkung der freien Übertragbarkeit der Anteile gerichtet.

Zu (2): Bei dem Kriterium der **Übertragung auf andere gebundene Anteilseigner** ist nicht abschließend geklärt, ob damit nur bereits bestehende Anteilseigner erfasst werden oder auch neue Anteilseigner die

Anteile erwerben können, wenn diese sich sogleich verpflichten, eine entsprechende schuldrechtliche Poolvereinbarung mitabzuschließen. Nach der Kommentierung und auch den Erbschaftsteuerrichtlinien (R E 13b.6 Abs. 4 Satz 5 ErbStR) ist Letzteres ausreichend. Eine Übertragung ausschließlich auf andere derselben Verpflichtung unterliegende Anteilseigner ist danach auch gegeben, wenn der neue Erwerber zeitgleich mit der Übertragung der Poolvereinbarung beitreten muss.

Zu (B): Bei einer **Stimmrechtsbindung** übernehmen die Gesellschafter die Verpflichtung, ihr Stimmrecht in der Gesellschafterversammlung **einheitlich** auszuüben. Stimmrechtslose Anteile können nicht Gegenstand von Poolvereinbarungen sein (R E 13b.6 Abs. 5 Satz 1 HS 2 ErbStR). Die Verpflichtung muss alle Gesellschafterbeschlüsse umfassen. Die einheitliche Stimmrechtsausübung kann in unterschiedlicher Weise geregelt werden. Neben der Möglichkeit zur

*   gemeinsamen Bestimmung eines Sprechers oder eines Aufsichts- oder Leitungsgremiums kann die einheitliche Stimmrechtsausübung auch dadurch erreicht werden, dass
*   einzelne Anteilseigner auf ihr Stimmrecht zugunsten der Poolgemeinschaft verzichten (R E 13b.5 Abs. 5 Satz 3 ErbStR).

Die einheitliche Anordnung einer Testamentsvollstreckung ist allein nicht ausreichend, da das Stimmrecht in gewissen Kernbereichen beim Gesellschafter verbleibt und es auch an der Verpflichtung der Gesellschafter untereinander fehlt.[15]

Die Poolvereinbarung kann sich aus dem **Gesellschaftsvertrag** oder aus anderen **schriftlichen Vereinbarungen** ergeben und muss im Besteuerungszeitpunkt vorliegen (R 13.b Abs. 6 ErbStR). Grundsätzlich müssen die Gesellschafter die Poolvereinbarung untereinander treffen; dies ist auch der Fall, wenn der Erwerber oder sein Rechtsvorgänger als Rechtsnachfolger in die Pflichten einer früher geschlossenen Vereinbarung eingetreten ist.

---

15   S. auch Fischer/Pahlke/Wachter, § 13b ErbStG, (Stand: 14.2.2024), Rz. 202.

c) Welchen Einfluss hat mein Verwandtschaftsverhältnis auf die Besteuerung?

Der Verschonungsabschlag von 85 % (§ 13a Abs. 1 ErbStG) bzw. 100 % (§ 13a Abs. 10 ErbStG) gilt gleichermaßen für alle Erwerber und ist **unabhängig** vom **Verwandtschaftsverhältnis** zum Erblasser. Erwerber können alle natürlichen Personen sein, unabhängig davon, ob diese voll- oder minderjährig sind oder im In- oder Ausland leben. Neben natürlichen Personen können auch juristische Personen, Stiftungen, Vereine und Vermögensmassen im In- und Ausland Erwerber sein.

Soweit die sachlichen Steuerbefreiungsnormen des § 13a,b ErbStG keine vollständige Steuerbefreiung des Unternehmensvermögens erreichen, muss die dadurch eintretende Bereicherung der Erwerber nach den allgemeinen Regeln besteuert werden. Für das **nicht** nach § 13a,b ErbStG **begünstigte Unternehmensvermögen** sind daher die Freibeträge des § 16 ErbStG und Steuersätze des § 19a ErbStG von großer Bedeutung und diese **hängen** wiederum von der **verwandtschaftlichen Nähe** zwischen Erblasser und Erwerber **ab**.

Bei den **Freibeträgen** sind neben dem Ehegatten vorrangig Erwerber in gerader Linie (Kinder, Enkel, Eltern) bevorzugt:

- Ehegatten und Lebenspartner erhalten einen Freibetrag von € 500.000.
- Kinder erhalten einen Freibetrag von € 400.000.
- Enkel erhalten einen Freibetrag von € 200.000.
- Die Eltern des Erblassers erhalten beim Erbe vorverstorbener Kinder einen Freibetrag von € 100.000.

Für alle sonstigen Erwerbe in Steuerklasse II und III gilt ein Freibetrag von nur € 20.000. Dies bedeutet, dass zum Beispiel auch Geschwistererben in der Seitenlinie lediglich einen Freibetrag von € 20.000 erhalten und damit einem nicht verwandten Dritten gleichgestellt werden, dem ebenso lediglich ein Freibetrag von € 20.000 zusteht.

Die anzuwendenden **Steuersätze** sind in der nachfolgenden Tabelle 3 dargestellt. Steuerklasse I betrifft Erben in gerader Linie. Steuerklasse II lässt sich vereinfacht als nähere Verwandte bezeichnen und Steuerklasse III weiter entfernte und nicht verwandte Erwerber. Der anzuwendende Steuersatz auf nicht begünstigtes Vermögen ist insoweit umso geringer je näher das Verwandtschaftsverhältnis ist.

Tab. 3: Erbschaftsteuersätze nach Steuerklassen

Wert des steuerpflichtigen Erwerbs (§ 10) bis einschließlich ... Euro	Prozentsatz in der Steuerklasse		
	I	II	III
75 000	7	15	30
300 000	11	20	30
600 000	15	25	30
6 000 000	19	30	30
13 000 000	23	35	50
26 000 000	27	40	50
über 26 000 000	30	43	50

Die vorstehende Tabelle zeigt, dass nicht verwandte Erwerber von begünstigten Vermögen nach Anwendung des 85%igen Verschonungsabschlages iSv § 13a Abs. 1 ErbStG (Regelverschonung) und eines etwaigen **gleitenden Abzugsbetrages** iSv § 13a Abs. 2 ErbStG von maximal € 150.000 einem höheren Steuersatz unterliegen als näher verwandte Erwerber. Der Gesetzgeber versucht mit § 19a ErbStG den höheren Steuereffekt von verwandtschaftlich weiter entfernten Ebenen durch einen zusätzlichen **Entlastungsbetrag** abzumildern bzw. weitgehend zu vermeiden.

Natürliche Personen (nicht juristische Personen) der **Steuerklasse II oder III** sollen über den zusätzlichen Entlastungsbetrag des § 19a ErbStG weitgehend so gestellt werden, als ob sie ein Erwerber der günstigsten Steuerlasse I wären. Der Entlastungsbetrag nach § 19a ErbStG gilt nur für **begünstigtes Vermögen** iSv § 13b Abs. 2 ErbStG, welches an sich begünstigt ist, aber nach Anwendung der der 85 %igen Regelverschonung (§ 13a Abs.1 ErbStG) und des Abzugsbetrages iSv § 13b Abs. 2 ErbStG verbleibt.

Von den vorstehenden Begünstigungen des § 13a,b ErbStG und § 19a ErbStG ausgenommen ist das sog. **Verwaltungsvermögen**. Verwaltungsvermögen ist vereinfacht ausgedrückt, das nicht für den operativen Geschäftsbetrieb benötigte Vermögen eines Unternehmens (vgl. VII.2.c.)). Das Verwaltungsvermögen muss nach den allgemeinen Vorschriften voll besteuert werden, insoweit ist die Höhe der Besteuerung des Verwaltungsvermögens von der **verwandtschaftlichen Nähe** der Erben zum Erblasser **abhängig**. Je weiter der Erbe verwandtschaftlich vom Erblasser entfernt ist, desto höher die Besteuerung des Verwaltungsvermögens durch geringere Freibeträge und höhere Steuersätze.

> **Beispiel:** Übernimmt ein nicht verwandter Dritter den Geschäftsbetrieb, so hat dieser lediglich einen Freibetrag von € 20.000 und einen Steuersatz von 30–50 %. Im Gegensatz dazu würde dem Sohn als Unternehmensnachfolger ein Freibetrag von € 400.000 zustehen und ein Steuersatz von 7 % bis max. 30 % zur Anwendung kommen.

d) Welche steuerliche Begünstigung gibt es speziell für Familienunternehmen?

Für Familienunternehmen hat der Gesetzgeber mit § 13a Abs. 9 ErbStG einen zusätzlichen Vorwegabschlag von **maximal 30 %** vom begünstigten Vermögen iSv § 13b Abs. 2 ErbStG geschaffen. Der Vorwegabschlag ist vor Anwendung der Verschonungsabschläge iSv § 13a Abs. 1 und 10 ErbStG auf das begünstigte Vermögen anzuwenden. Der Vorwegabschlag soll insbesondere Familienunternehmen ergänzend entlasten und setzt voraus, dass in dem **Gesellschaftsvertrag bzw. der Satzung** gewisse Beschränkungen bei Entnahmen/Ausschüttungen, Verfügungsmöglichkeiten und Abfindungen enthalten sind. Im Einzelnen:

- **Ausschüttungs- und Entnahmebeschränkung**: Die Höhe der Entnahmen/Ausschüttungen müssen auf höchstens 37,5 % des steuerrechtlichen Gewinns (iSv § 4 Abs. 1 Satz 1 EstG) nach außerbilanziellen Korrekturen abzüglich Steuern auf die Entnahmen/Ausschüttungen beschränkt werden. Steuern auf Entnahmen/Ausschüttungen werden grundsätzlich nicht beschränkt, vereinfachend kann sowohl bei Personen- als auch Kapitalgesellschaften ein Steuersatz von 30 % angenommen werden (R E 13a. 20 ErbStR).

- **Verfügungsbeschränkungen:** Die Verfügung über die Anteile an der Personen- oder Kapitalgesellschaft ist auf Mitgesellschafter, Angehörige (iSv § 13 AO) oder eine Familienstiftung zu beschränken.

- **Abfindungsbeschränkung:** Der Gesellschaftsvertrag muss eine Abfindung unter dem gemeinen Wert des Anteils an der Personen- oder Kapitalgesellschaft vorsehen. Die Höhe dieses Abschlags definiert die Höhe des Vorwegabschlags. Um die maximalen 30 % Vorwegabschlag zu erhalten, muss die Abfindung um mindestens 30 % des gemeinen Werts gekürzt werden.

Die Beschränkungen müssen **in zeitlicher Hinsicht 2 Jahre vor und 20 Jahre nach dem Erbfall** bestehen. In praktischer Hinsicht setzt dies daher eine frühzeitige Planung und Anpassung des Gesellschaftsvertrages sowie noch viel längere Einhaltung der Beschränkungen für zwei Jahrzehnte nach dem Erbfall voraus. Ein Antrag des Erwerbers ist nicht erforderlich, die Voraussetzungen sind jedoch gegenüber der Finanzverwaltung nachzuweisen (R E 13a. 20 Satz 2 ErbStR). Das Finanzamt teilt anschließend die Höhe des gewährten Abschlages nachrichtlich mit (R E 13a. 20 Satz 10 ErbStR).

e) Warum ist es wichtig, dass das Unternehmen nach dem Erbfall fortgeführt und nicht verkauft wird?

Der Erwerb begünstigten Vermögens ist an die Voraussetzung geknüpft, dass das Unternehmen für eine bestimmte Zeit fortgeführt wird. Jeder Erwerber kann das **Wahlrecht** zwischen Regel- und Optionsverschonung **unabhängig von** etwaigen **anderen Erben** ausüben. Die Erben können die für ihren Erbfall günstigste Variante prüfen und wählen:

- Die Regelverschonung beträgt 85 % des begünstigten Vermögens iSv § 13b Abs. 2 ErbStG. Zusätzlich wird ein gleitender Abzugsbetrag von höchstens € 150.000 gewährt (§ 13a Abs. 2 ErbStG). Im Fall der Regelverschonung muss das Unternehmen für **5 Jahre** fortgeführt werden.
- Alternativ kann auf Antrag die Optionsverschonung gewählt werden und 100 % des begünstigten Vermögens iSv § 13b Abs. 2 ErbStG steuerbefreit werden. Im Fall der Optionsverschonung muss das Unternehmen für **7 Jahre** fortgeführt werden.

Unter **Fortführung** des Unternehmens wird hier die positive Einhaltung der Behaltens- als auch der Lohnsummenregelungen verstanden. Wird innerhalb der 5-jährigen bzw. 7-jährigen Frist gegen die Einhaltung der Behaltens- oder Lohnsummenregelungen verstoßen, fällt der Verschonungsabschlag, der gleitende Abzugsbetrag und die Tarifbegünstigung nach § 19a ErbStG für die **Vergangenheit** ganz oder teilweise weg und muss nach allgemeinen Regeln voll versteuert werden. Die Optionsverschonung bietet damit **Chancen** auf eine 100 %ige Befreiung, muss aber mit längeren Behaltensfristen und strengeren Lohnsummenregelungen abgewogen werden. Verstöße gegen die Behaltens- und Lohnsummenregelungen werden durch einen ganzen oder teilweisen Wegfall sämtlicher Steuerbegünstigungen des § 13a,b ErbStG und § 19a ErbStG und der dadurch eintretenden rückwirkenden vollen Besteuerung des Vermögens stark **sanktioniert** – auf die realistische und planvolle Einhaltung der Behaltens- und Lohnsummenregelungen muss daher während des gesamten Fortführungszeitraumes streng geachtet werden.

Die **Behaltensregelungen** sind in § 13b Abs. 6 ErbStG geregelt. Um ein Wegfallen der Steuerbegünstigungen der §§ 13a,b und 19a ErbStG zu vermeiden, darf das Unternehmen bzw. die Unternehmensanteile oder wesentliche Betriebsgrundlagen hiervon nicht veräußert, in das Privatvermögen überführt oder sonstigen betriebsfremden Zwecken zugeführt werden.

Ein Verstoß gegen die Behaltensregelungen liegt nicht vor, wenn begünstigtes Vermögen

- im Wege des Übergangs von Todes wegen übergeht oder
- durch Schenkung unter Lebenden weiter übertragen wird (R E 13a. 12 Abs. 2 ErbStR).

Unentgeltliche Weiterübertragungen des Unternehmens sind insoweit **unschädlich** für eine laufende Behaltensfrist. Durch eine weitere unentgeltliche Übertragung wird jedoch ein neuer Erwerbstatbestand ausgelöst, der bei Inanspruchnahme der Regel- und Optionsverschonung zu einer weiteren – zumindest zeitweise parallel laufenden – Behaltensfrist führt.

Die Weiterübertragung im Erb- oder Schenkungswege muss **vollunentgeltlich** erfolgen, um nicht einen Verstoß gegen die Behaltensregelungen auszulösen. Erfolgt eine Zuwendung **teilentgeltlich**, als **gemischte Schenkung** oder **Schenkung unter Auflage**, so stellt der entgeltliche Teil der Zuwendung einen **Verstoß** gegen die Behaltensregelungen dar. Ein Verstoß liegt insoweit vor, wenn begünstigtes Vermögen als Abfindung nach § 3 Abs. 2 Nr. 4 ErbStG übertragen wird oder zur Erfüllung anderer schuldrechtlicher Ansprüche, z. B. auf Grund eines Geldvermächtnisses, Pflichtteils- oder Zugewinnausgleichsanspruchs, hingegeben wird (R E 13a. 12 Abs. 3 ErbStR).

Die Behaltensregelungen unterscheiden sich im Detail danach, ob Betriebe und Personengesellschaftsanteile einerseits oder Anteile an Kapitalgesellschaften andererseits übertragen werden.

(1) Die **Veräußerung** eines Gewerbebetriebs, eines Teilbetriebs oder Anteils an einer Personengesellschaft (gewerblich, selbstständig oder gewerblich geprägt) stellt einen Verstoß gegen die Behaltensregelungen dar. Als Veräußerung gilt auch die **Aufgabe** des Unternehmens (Gewerbebetriebs, freiberufliche Praxis oder Sozietätsanteils, Teilbetriebs- oder Mitunternehmeranteils) sowie die **Eröffnung des Insolvenzverfahrens**. Als schädlicher Verstoß gegen die Behaltensregelungen gilt weiterhin, wenn **wesentliche Betriebsgrundlagen** des Unternehmens veräußert oder in das Privatvermögen überführt oder anderen betriebsfremden Zwecken zugeführt werden. Der Begriff der wesentlichen Be-

triebsgrundlage ist nach ertragsteuerlichen Grundsätzen (= funktionale Betriebsnotwendigkeit) zu beurteilen. Der Umfang der schädlichen Verfügung bemisst sich nach dem gemeinen Wert des Einzelwirtschaftsgutes (z. B. Betriebsgrundstück) im ursprünglichen Besteuerungszeitpunkt (R E 13a. 13 Abs. 2 ErbStR). **Umstrukturierungen** der begünstigten Unternehmenseinheit sind grundsätzlich auch schädlich, ausgenommen hiervon sind jedoch die Einbringung eines Betriebs, Teilbetriebs oder Mitunternehmeranteils in eine Personen- oder Kapitalgesellschaft nach (§§ 20, 24 UmwStG). Auch eine formwechselnde Umwandlung, Verschmelzung, oder Realteilung von Personengesellschaften, soweit der Realteiler nicht nur einzelne Wirtschaftsgüter enthält.

Praxishinweis:

Umstrukturierungen bei laufenden Behaltensfristen sind mit hohen Risiken verbunden, einen ungewollten Verstoß gegen die Behaltensfrist auszulösen; idealerweise kann mit der Umstrukturierungsmaßnahme gewartet werden, bis die Behaltensfrist ausgelaufen ist, ansonsten muss sorgsam geprüft werden, ob die gewünschte Umstrukturierung auch innerhalb der Behaltensfrist steuerunschädlich vollzogen werden kann.

Als eigener Verstoß gegen die Behaltensfristen sind auch **Überentnahmen** anzusehen. Gemäß § 13 Abs. 6 Satz 1 Nr. 3 ErbStG dürfen bis zum Ende des letzten Wirtschaftsjahres der Behaltensfrist die Summe der Entnahmen nicht die Summe der Einlagen und Gewinnanteile um mehr als € 150.000 übersteigen (Verluste bleiben unberücksichtigt).

Praxishinweis:

In praktischer Hinsicht empfiehlt es sich die Höhe der Entnahmen vor Ablauf der Behaltensfrist zu prüfen und ggf. durch Einlagen auszugleichen.

---

(2) Die ganz oder teilweise **Veräußerung** von Anteilen an begünstigten Kapitalgesellschaften zählt ebenso als Verstoß gegen die Behaltensfristen. Die **verdeckte Einlage**, also Einlage der Anteile in eine andere

Kapitalgesellschaft ohne Gegenleistung, steht einer Veräußerung gleich. Gleiches gilt im Falle der **Auflösung, Herabsetzung des Nennkapitals** (ausgenommen nominelle Kapitalherabsetzungen zu Sanierungszwecken ohne Auszahlung an die Gesellschafter) oder **Verteilung von Vermögen** an die Gesellschafter sowie Veräußerung **wesentlicher Betriebsgrundlagen.** Bei Ausschüttungen an die Gesellschafter ist gemäß § 13a Abs. 6 Nr. 3 Satz 3 ErbStG sinngemäß wie bei Überentnahmen zu verfahren, d.h. auch bei Kapitalgesellschaften muss darauf geachtet werden, dass durch reguläre **Ausschüttungen** in der Behaltensfrist kein Verstoß gegen die Behaltensfristen ausgelöst wird. Im Falle einer **Insolvenz** der Kapitalgesellschaft liegt auch ein Verstoß gegen die Behaltensfristen vor. Der Wegfall der Verfügungsbeschränkungen oder Stimmrechtsbindung für Zwecke einer **Poolvereinbarung** löst ebenso einen Verstoß gegen die Behaltensfristen aus (§ 13a Abs. 6 Nr. 5 ErbStG).

Praxishinweis:

Im Falle der Veräußerung wesentlicher Betriebsgrundlagen oder von wesentlichen Wirtschaftsgütern ist von einer Nachversteuerung abzusehen, wenn der **Veräußerungserlös** innerhalb der jeweiligen begünstigungsfähigen Vermögensart verbleibt, also **reinvestiert** wird. Hiervon ist auszugehen, wenn der Veräußerungserlös **innerhalb von sechs Monaten** in entsprechendes Vermögen investiert wird, das zum begünstigten Vermögen iSv § 13b Abs. 2 ErbStG gehört (**Reinvestitionsklausel**). Bei dem Vermögen darf es sich nicht um Verwaltungsvermögen handeln. Neben der Anschaffung von Anlagegütern, Betriebsteilen oder von neuen Betrieben ist auch die Tilgung betrieblicher Schulden als Reinvestition möglich (R E 13a. 18 Satz 3 EStR).

---

f) Warum ist es wichtig, dass die Mitarbeiter und Lohnsummen des Unternehmens erhalten bleiben?

Der Gesetzgeber möchte durch die Steuervergünstigungen des § 13a,b ErbStG das Unternehmen und die damit verbundenen **Arbeitsplätze** erhalten (siehe Gesetzesbegründung BR-Drs. 778/06, S. 1, 13 f. und 22 ff.). Die steuerlichen Begünstigungen sind daher grundsätzlich an den Erhalt der Arbeitsplätze geknüpft, die technisch über die **Lohnsummenregelung** des § 13 Abs. 3 ErbStG überwacht werden. Die Lohnsummenregelung kommt nicht zur Anwendung, wenn der Betrieb nicht mehr als 5 Mitarbeiter oder eine Ausgangslohnsumme von € 0 hat.

Ausgangslohnsumme ist die durchschnittliche Lohnsumme der **letzten fünf Jahre** vor dem Todeszeitpunkt des Erblassers (§ 13a Abs. 3 Satz 2 ErbStG). Lohnsumme umfasst alle Vergütungen (Löhne und Gehälter und andere Bezüge und Vorteile sowie Sozialversicherungsbeiträge). Die Ausgangslohnsumme muss in Abhängigkeit der Beschäftigtenanzahl im Todeszeitpunkt wie in Tabelle 4 abgebildet, erhalten bleiben.

Tab. 4: Übersicht Lohnsummen

Anzahl Beschäftigte	Regelversteuerung	Optionsverschonung
6–10 Beschäftigte	250 Prozent	500 Prozent
10–15 Beschäftigte	300 Prozent	565 Prozent
Mehr als 15 Beschäftigte	400 Prozent	700 Prozent
Lohnsummenfrist	5 Jahre	7 Jahre

Beispiel:
Das Unternehmen hat im Todeszeitpunkt 19.6.2025 eine Ausgangslohnsumme von € 1 Mio. und 25 Mitarbeiter. Die Erben nehmen die Regelverschonung in Anspruch, so dass die Lohnsummenfrist 5 Jahre beträgt. Zum Ende der Lohnsummenfrist am 19.6.2030 müssen mindestens 400 Prozent der Ausgangslohnsumme erhalten bleiben. Dies bedeutet, dass bis zum 19.6.2030 mindestens Lohnsummen in Höhe von kumuliert € 4 Mio. (= 400 % x Ausgangslohnsumme / 100) gezahlt

wurden. Hätten die Erben zur Optionsverschonung optiert, müssten bis zum 19.6.2032 kumuliert mindestens € 7 Mio. an Lohnsummen gezahlt worden sein.

Verstößt das Unternehmen gegen die Lohnsummenregelung, fallen die steuerlichen Begünstigungen nicht vollständig, sondern **verhältnismäßig** weg, soweit prozentual gegen die Lohnsummenregelung verstoßen wurde (§ 13a Abs. 3 Satz 4 ErbStG). Gerät ein Unternehmen nach der Erbschaft in die Krise und müssen Mitarbeiter entlassen werden, droht den Erben insoweit neben der allgemeine Unternehmensinsolvenz und dem Wegfall der Existenzgrundlage gegebenenfalls auch eine Privatinsolvenz, da die die Erbschaftsteuer rückwirkend auf privater Ebene festgesetzt wird.

2. Welchen Einfluss hat die Zusammensetzung meines Unternehmensvermögens auf die Besteuerung?

a) Was ist der Unterschied zwischen begünstigungsfähigen Vermögen und begünstigten Vermögen?

Das **begünstigungsfähige Vermögen** (iSv § 13b Abs. 1 ErbStG) bezeichnet allgemein welche Unternehmen und Unternehmensanteile in Abhängigkeit der Rechtsform dem Grunde nach für eine Steuerbefreiung nach § 13a,b ErbStG in Frage kommen. Dies sind insbesondere Einzelunternehmen, Anteile an Personengesellschaften und Anteile an Kapitalgesellschaften bei einer qualifizierten Beteiligung von mehr als 25 %, für die der Anwendungsbereich der § 13a,b ErbStG an sich eröffnet ist.

Um die Regel- und Optionsverschonung in Anspruch nehmen zu können muss das begünstigungsfähige Unternehmen einen Einstiegstest bestehen bzw. eine Einstiegshürde überwinden, den sog. 90%-Test. Das begünstigungsfähige Vermögen ist vollständig nicht begünstigt, wenn der 90%-Test nicht bestanden wird. Um den Test zu bestehen, darf das Brutto-Verwaltungsvermögen, also das Verwaltungsvermögen vor Abzug der Schulden, nicht mehr als 90% des gemeinen Werts des begünstigungsfähigen Vermögens übersteigen (§ 13b Abs. 2 Satz 2 ErbStG).

Das **begünstigte Vermögen** (iSv § 13b Abs. 2 ErbStG) bezeichnet den **Teil des begünstigungsfähigen Vermögens** auf den die 85%ige und 100%ige Steuerbefreiung des § 13a Abs. 1 und 10 ErbStG letztlich zur Anwendung kommt. Es ist **definiert** als gemeiner Wert des begünstigungsfähigen Unternehmens abzüglich Nettoverwaltungsvermögen (also Verwaltungsvermögen abzüglich Schulden und abzüglich eines unschädlichen Teils des Verwaltungsvermögens).

Zusätzliche **Voraussetzung** für die Inanspruchnahme der **Optionsverschonung** ist, dass das begünstigungsfähige Vermögen nach § 13b Abs. 1 ErbStG **nicht zu mehr als 20%** aus Verwaltungsvermögen iSv § 13b Abs. 3 und 4 ErbStG besteht (§ 13a Abs. 10 ErbStG). Wird der **unwiderrufliche** Antrag auf Optionsverschonung gestellt, ohne dass die Verwaltungsvermögensquote von weniger als 20% eingehalten wird, kann die Regelversteuerung mitunter nicht mehr angewandt werden und der gemeine Wert des Unternehmens ist voll zu versteuern.

b) Was ist der Unterschied zwischen Produktiv- und Verwaltungsvermögen?

Produktivvermögen ist allgemein formuliert das Vermögen, welches für die Erreichung des Unternehmenszweckes erforderlich ist. Dies sind betrieblich genutzte Immobilien (Bürogebäude, Hallen), Maschinen, Waren, Vorräte, Forderungen und gewisser Grundstück an liquiden Mitteln, der für den operativen Geschäftsbetrieb erforderlich ist.

Bei **Verwaltungsvermögen** handelt es sich allgemein formuliert um Vermögen, welches im Umkehrschluss nicht zwingend für den operativen Geschäftsbetrieb benötigt wird. Dies sind z. B. nicht betrieblich genutzte Grundstücke, Aktienvermögen oder Finanzmittel, die nicht für den operativen Geschäftsbetrieb erforderlich wären. Dieses sog. Verwaltungsvermögen wird insoweit, auch wenn es im Betriebsvermögen eines Unternehmens bilanziert wird, für erbschaftsteuerliche Zwecke ausgesondert und nach den allgemeinen erbschaftsteuerlichen Regeln voll besteuert.

Das begünstigte Vermögen iSv § 13b Abs. 2 Satz 1 ErbStG (vgl. VII.2.a.)) **definiert steuertechnisch** das zu befreiende Produktivvermögen und grenzt im Umkehrschluss dazu das nicht befreite Verwaltungsvermögen ab.

Das Verwaltungsvermögen hat für Zwecke der Erbschaftsbesteuerung von Unternehmen insbesondere zwei Aufgaben:

(1) zum einen definiert das Verwaltungsvermögen die **Einstiegshürde** (90%-Test) um überhaupt die Steuerbefreiungen nach § 13a,b ErbStG in Anspruch nehmen zu können und

(2) zum anderen bestimmt es nach Bestehen des 90%-Tests maßgeblich den **Anteil** des begünstigungsfähigen Vermögens, der befreit wird.

Für Zwecke einer möglichst hohen Steuerbefreiung des Unternehmensvermögens ist daher das Verwaltungsvermögen möglichst gering zu halten bzw. idealerweise Null.

c)   Was zählt alles zum Verwaltungsvermögen?

Das Verwaltungsvermögen wird in § 13b Abs. 4 ErbStG als Katalog abschließend definiert. Zum Verwaltungsvermögen gehören danach insbesondere

- Dritten zur Nutzung überlassene Grundstücke, Grundstücksteile, grundstückgleiche Rechte und Bauten (ausgenommen Sonderbetriebsvermögen und Betriebsaufspaltung);
- Anteile an Kapitalgesellschaften, wenn die unmittelbare Beteiligung am Nennkapital dieser Gesellschaft 25% oder weniger beträgt;

- Kunstgegenstände, Kunstsammlungen, wissenschaftliche Sammlungen, Edelsteine, Oldtimer, Yachten, Segelflugzeuge etc.;
- Wertpapiere sowie vergleichbare Forderungen;
- nicht betrieblich erforderliche Finanzmittel (über Finanzmitteltest zu bestimmen).

d) Wie funktioniert der Finanzmitteltest?

Der Finanzmitteltest hat die Aufgabe, die im Unternehmen vorhandenen Finanzmittel in steuerbegünstigte "produktive" Finanzmittel und nicht begünstigtes Verwaltungsvermögen einzuteilen. Zu den Finanzmitteln zählen

- Zahlungsmittel
- Geschäftsguthaben
- Geldforderungen und andere Forderungen

Wertpapiere zählen nicht zu den Finanzmitteln, da sie bereits nach § 13b Abs. 4 Nr. 4 ErbStG Verwaltungsvermögen sind.

Der Gesetzgeber definiert 15 % des gemeinen Wertes des Unternehmens als zulässige Finanzmittel. Soweit die Nettofinanzmittel, also Summe Finanzmittel abzüglich Schulden, die 15 %-Grenze übersteigen, liegt nicht begünstigtes Verwaltungsvermögen vor.

Beispiel:

Nach dem vereinfachten Ertragswertverfahren hat die X-GmbH einen gemeinen Wert von € 1 Mio. Die zulässigen Finanzmittel sind danach € 150.000 (15 % x € 1 Mio.). Das Unternehmen hat zum Stichtag Bankguthaben und Kassenbestände in Höhe von € 400.000 sowie Schulden in Höhe € 200.000. Die Nettofinanzmitel betragen danach € 200.000 (€ 400.000 ./. € 200.000). Nach dem Finanzmitteltest ist der € 150.000 übersteigende Betrag der Finanzmittel in Höhe von € 50.000 als Verwaltungsvermögen zu qualifizieren.

Finanzmittel, die weniger als 2 Jahre dem Betrieb zuzurechnen waren, sind als **junge Finanzmittel** abzuziehen und zählen stets zum **Verwaltungsvermögen**. Hierbei ist der positive Saldo der innerhalb von 2 Jahren eingelegten und entnommenen Finanzmittel zu bestimmen.

e) Wie werden Immobilien in Produktiv- und Verwaltungsvermögen unterteilt?

Selbst für den Betrieb genutzte Immobilien gehören nicht zum Verwaltungsvermögen. Dritten zur Nutzung überlassene Immobilien gehören nach § 13b Abs. 4 ErbStG zum Verwaltungsvermögen. Die Nutzungsüberlassung kann entgeltlich und unentgeltlich erfolgen. Im Betriebsvermögen eines Unternehmens befindliche Immobilien, die an fremde Dritte zum Beispiel gewerblich oder zu Wohnzwecken vermietet werden, zählen insoweit zum Verwaltungsvermögen.

Werden neben der Nutzungsüberlassung weitere **gewerbliche Leistungen** angeboten und in Anspruch genommen, führt die Nutzungsüberlassung nicht zu Verwaltungsvermögen, wenn die Tätigkeit nach ertragsteuerlichen Grundsätzen insgesamt als gewerblich einzustufen ist (z. B. Beherbungsbetriebe, Hotels, Boardinghäuser, Pensionen und Campingplätze). Gehört nur ein Grundstücksteil zum Verwaltungsvermögen, ist der gemeine Wert des Grundstücks regelmäßig nach der Wohn-/Nutzfläche aufzuteilen.

Eine Nutzungsüberlassung an Dritte ist ferner in folgenden Fällen **nicht** anzunehmen:

- **Betriebsaufspaltungsfälle:** Der Erblasser konnte bei der zur Nutzung überlassenen Immobilie sowohl im überlassenden als auch nutzenden Betrieb allein oder zusammen mit anderen Gesellschaftern einen **einheitlichen geschäftlichen Betätigungswillen** durchsetzen. Die Betriebsgesellschaft muss die Immobilien **unmittelbar** nutzen und darf diese nicht an Dritte weiterüberlassen. Kann der einheitliche geschäftliche Betätigungswille (entsprechend ertragsteuerlicher Maßstäbe) sowohl im Besitz- als auch der Betriebsgesellschaft unmittelbar durchgesetzt werden, gehört das Grundstück nicht zum Verwaltungsvermögen.

- **Sonderbetriebsvermögen:** Der Gesellschafter hat als Mitunternehmer der Gesellschaft eine Immobilie zur Nutzung überlassen und diese Rechtsprechung geht von dem Erblasser auf den Erwerber über. Die Personengesellschaft muss das Grundstück unmittelbar für Betriebszwecke nutzen und darf es nicht an einen Dritten weiterüberlassen.

In beiden Fällen setzt der Ausschluss der Zuordnung zum Verwaltungsvermögen voraus, dass die jeweilige Rechtsstellung von dem Erblasser auf den Erwerber übergeht (R E 13b.14 Abs. 3 ErbStR).

VIII. Was ist zu tun, worauf muss ich achten?

1. Step-Plan zur Vorbereitung eines reibungslosen Erbgangs

Bei der Übertragung eines Unternehmens im Erbgang müssen im Vorfeld eine Vielzahl **unterschiedlicher Fragen** beantwortet, und entsprechende Maßnahmen ausgeführt werden. Daher ist eine strukturierte **Vorbereitung** der Übertragung zwingend.

Diese beginnt regelmäßig mit einer **Analyse** der aktuellen Situation. Der Erblasser selbst muss sich mit dem Gedanken auseinandersetzen, sein Lebenswerk an einen anderen abzugeben. Die für den Erbgang maßgeblichen finanziellen **Rahmenbedingungen** müssen geklärt werden. Sofern und soweit es für die Vermeidung einer übermäßigen erbschaftsteuerlichen Belastung erforderlich und möglich ist, müssen entsprechende **Strukturmaßnahmen** erfolgen und **vertragliche Regelung** angepasst werden.

Ein geeigneter **Nachfolger** muss gefunden und gegebenenfalls auf die Übernahme der Unternehmensführung vorbereitet werden.

Die formalen **Vorgaben**, wie z.B. Anzeigepflichten müssen im Erbfall beachtet und die Einhaltung **nachträglicher erbschaftsteuerlicher Anforderungen**, wie z.B. Haltefristen sichergestellt werden.

Die nachfolgende **Grafik** bietet eine Übersicht der erforderlichen Schritte und soll so deren Planung und Durchführung erleichtern.

1. Vorbereitungsphase				2. Nachfolgersuche	3. Erbfall	4. Nachsorge
Bestandsaufnahme und Analyse:	**Persönliche Vorbereitung:**	**Finanzielle Vorbereitung:**	**Rechtliche/Steuerliche Vorbereitung:**	**Auswahl Nachfolger:**	**Anzeige Erbfall; Erbschein:**	**Haltefristen Lohnsummenregelung:**
Ermittlung der wirtschaftlichen Stärken und Schwächen des Unternehmens („SWOT-Analyse") und der rechtlichen und steuerlichen Risiken.	Der Erblasser sollte seine persönliche Situation reflektieren.	Klärung der finanziellen Möglichkeiten der Übergabe.	Anpassung der rechtlichen/strukturellen Rahmenbedingungen bzgl. steuerlicher Optimierung.	Auswahl anhand zuvor festgelegter Auswahlkriterien. Ggf. Einarbeitung des pot. Nachfolgers im Unternehmen.	Beachten der formalen Anforderungen und Fristen, z.B. Anzeigepflichten.	Überwachung der erbstl. Vorgaben und erbrechtlichen Pflichten.
→ Identifikation der realistischen Nachfolgeoptionen. → Entwicklung Plan B für den Fall, dass kein Nachfolger gefunden wird. → Identifikation professioneller Berater (Rechtsanwälte, Steuerberater ggf. auch Notar) mit einschlägiger Expertise und persönlicher Vertrauensstellung.	→ Nachfolge als Anfang, nicht als Ende der unternehmerischen Tätigkeit. → Parallel dazu: Notfallvorsorge durch Vorsorgevollmacht etc.	→ Erbstl. Bewertung des Unternehmens. → Planung der Finanzierung der Nachfolgekosten. → Liquiditätsanalyse. (insbes. bzgl. ErbSt) für den Nachfolger.	→ Überarbeitung bestehender (insbes. gesellschaftsrechtlicher) Verträge. → Ggf. Umwandlung in neue Rechtsform. → Umstrukturierung bzgl. Verwaltungsvermögen etc.	→ Identifikation des Nachfolgers anhand Checkliste: • Intern vs. Extern? • Führungserfahrung? • Persönlichkeit? • Fachliche Qualifikationen? → Analoges Vorgehen für Wahl des Testamentsvollstreckers.	→ Todesfallanzeige ggü. Standesamt → Anzeige Erbfall ggü. Finanzamt. → Fristgerechte Abgabe ErbSt-Erklärung.	→ Erfüllung Vermächtnisse und Auflagen. → Einhaltung Lohnsummenregelung. → Prüfung möglicher (Teil-) Übertragungen Unternehmensvermögen bzgl. erbstl. Behaltensfristen.

2. Fünf Fußangeln in der Unternehmensnachfolge

Fünf typische Fußangeln und Steuerrisiken sollten in der Unternehmensnachfolge vermieden werden:

a) Fall 1: Stückweise Vorschenkung von Anteilen an Kapitalgesellschaften

Vater V besitzt 50 % an seiner Autozulieferer GmbH. Er möchte Steuern sparen und plant seine Nachfolge frühzeitig selbst ohne Steuerberater. Er überträgt die ersten 25 % seiner Anteile auf seinen Sohn zu Lebzeiten im Jahr 2015. Am 30.6.2025 verstirbt er und die restlichen 25 % gehen auf seinen Sohn als Alleinerben über.

Für die verbleibenden 25 % der Anteile an der Autozulieferer GmbH kann die Regel- und Optionsverschonung nicht mehr in Anspruch genommen werden, da die Mindestbeteiligungsvoraussetzung von mehr als 25 % am Nennkapital nicht erreicht wird.

Das Finanzamt bewertet den 25 %-Anteil auf € 10 Mio. und setzt eine Erbschaftsteuer von rund € 1,9 Mio. fest. Sohn S kann die Erbschaftsteuer nicht bezahlen und meldet Privatinsolvenz an.

→ Es wäre besser gewesen, wenn V die Vorschenkung nicht durchgeführt hätte, da S insoweit für den gesamten 50 %-Anteil die Möglichkeit zur Options- oder Regelverschonung mit einer potentiellen Steuer von Null gehabt hätte (vgl. VII.1b.).

b) Fall 2: Sonderbetriebsvermögen im Erbfall

Vater V hält 100 % der Anteile an der Socken GmbH & Co. KG. Die Socken-GmbH & Co. KG nutzt für die Fertigung von Socken „Made in Germany" eine inländische Gewerbeimmobilie. Diese steht im Privateigentum des V und wird der Socken GmbH & Co. KG gegen ein fremdübliches Entgelt überlassen.

V regelt in seinem Testament, dass sein einziger Sohn S sämtliche Anteile an der GmbH & Co. KG erhält und seine einzige Tochter T die Gewerbeimmobilie zu Alleineigentum erhält. Am 30.6.2025 verstirbt V.

Die Gewerbeimmobilie steht im Sonderbetriebsvermögen des V bei der Socken GmbH & Co. KG. Die Tochter erhält keinen Anteil an der GmbH & Co. KG, insoweit bleibt die Gewerbeimmobilie im Erbfall nicht Sonderbetriebsvermögen und wird in das Privatvermögen der T infolge des Erbfalls am 30.6.2025 überführt. Ertragsteuerliche Konsequenz ist, dass sämtliche stillen Reserven bei der Gewerbeimmobilie aufgelöst und versteuert werden müssen. Weiterhin kann die Gewerbeimmobilie auch für erbschaftsteuerliche Zwecke bei der T nicht steuerbegünstigt nach § 13a,b ErbStG übertragen werden, sondern muss voll nach allgemeinen Grundsätzen versteuert werden.

→ Es wäre besser gewesen, wenn Tochter T zumindest einen kleinen Anteil an der GmbH & Co. KG erhalten hätte, so dass diese Mitunternehmer werden kann und eine Zwangsentnahme der Immobilie mit Versteuerung stiller Reserven in das Privatvermögen hätte vermieden werden können und zudem eine begünstigte Übertragung des Sonderbetriebsvermögens im Rahmen der Erbschaftsteuer möglich gewesen wäre (vgl. VII.2.e.)).

c)   Fall 3: Betriebsaufspaltung im Erbfall aufgelöst

Vater V hält 100 % der Anteile an der Schrauben GmbH. Die Schrauben GmbH fertigt Präzisionsschrauben „Made in Germany". Die Fertigung der Präzisionsschrauben wird in einer Fertigungshalle durchgeführt, die im alleinigen Eigentum des V steht und die er an die Schrauben GmbH fremdüblich vermietet.

V regelt in seinem Testament, dass sein einziger Sohn S sämtliche Anteile an der GmbH erhält und seine einzige Tochter T die gesamte Lagerhalle zu Alleineigentum erhält. Am 30.6.2025 verstirbt V.

Durch die Vermietung der Fertigungshalle an die Schrauben GmbH wird eine Betriebsaufspaltung begründet. Infolge des Todes von V wird die Betriebsaufspaltung aufgelöst, weil die Tochter keine Anteile an der GmbH erhalten hat. Es findet eine Zwangsentnahme und eine ertragsteuerliche Versteuerung aller stillen Reserven statt. Weiterhin kann die Lagerhalle nicht im Rahmen der Erbschaftsteuer nach § 13a,b ErbStG steuerbegünstigt übertragen werden.

→ Es wäre besser gewesen, wenn V seinem Sohn und seiner Tochter die Anteile an der Schrauben GmbH sowie der Lagerhalle zu gleichen Teilen, also jeweils zu 50 %, übertragen hätte, da dann sowohl eine ertragsteuerliche Versteuerung stiller Reserven vermieden worden als auch erbschaftsteuerlich eine steuerbegünstigte Erbschaft nach § 13a,b ErbStG möglich gewesen wäre (vgl. VII.2.e.)).

d) Fall 4: Misslungene Optionsverschonung wegen Verwaltungsvermögen

Tochter T erbt den väterlichen Schlachtbetrieb, der in dem Rechtskleid der Schlacht GmbH betrieben wird. Vater V war nicht nur passionierter Metzger, sondern auch Trader und hat über die Schlacht GmbH ein substanzielles Wertpapierdepot „getraded".

T stellt unwiderruflich den Antrag auf Optionsverschonung und geht davon aus, dass sie wegen der 100 %igen Steuerbefreiung der Optionsverschonung keine Erbschaftsteuer zahlen muss. Sie benötigt deshalb aus ihrer Sicht keinen Steuerberater.

Als T von einer ihrer vielen Luxusreisen zurückkommt, findet Sie einen Erbschaftsteuerbescheid mit einer festgesetzten Steuerlast von € 2,5 Mio. und der offenbaren Ablehnung des Antrags auf Optionsverschonung, da die Verwaltungsvermögensquote der S-GmbH 40 % beträgt und damit die 20 %-Grenze der Optionsverschonung überschreitet. Die Rechtsbehelfsfrist ist bereits abgelaufen.

→ Ein Rückfall zur Regelverschonung bei nicht Erreichen der Voraussetzungen der Optionsverschonung wird nicht ohne Weiteres gewährt, in jedem Fall hätte T Einspruch einlegen müssen. T beantragt Privatinsolvenz.

e) Fall 5: Umstrukturierungen innerhalb Behaltensfrist

Die Geschwister Tom und Klara erben im Jahr 2020 den väterlichen Großbäckereibetrieb, die Back & Kuchen GmbH. Sie beantragen wirksam die Optionsverschonung und es entsteht keine Steuerlast.

Beide Geschwister verstehen sich privat gut und befürchten, dass zukünftige betriebliche Entscheidungen das gute private Verhältnis belasten könnte, da beide unterschiedliche Vorstellungen über die Unternehmensfortführung haben. Sie beschließen einvernehmlich im Jahr 2022 die Back & Kuchen GmbH in zwei Rechtseinheiten aufzuspalten. Tom übernimmt die neue Back GmbH und Klara die Kuchen GmbH.

Die Aufspaltung (nach § 15 UmwStG) der Back & Kuchen GmbH stellt einen Verstoß gegen die 7-jährige Behaltensfrist der Optionsverschonung dar. Neben Veräußerungsfällen können auch Umstrukturierungen wie die hier durchgeführte Aufspaltung nach § 15 UmwStG einen Sperrfristverstoß begründen.

Das Finanzamt bewertet die Back & Kuchen GmbH mit einem gemeinen Wert von € 70 Mio. Die beiden Kinder können die nachträglich festgesetzte Erbschaftsteuer nicht zahlen und beantragen Privatinsolvenz. Sie verstehen sich dennoch weiterhin privat gut.

3. Wie finanzieren meine Erben die Erbschaftsteuer auf das Unternehmen?

a) Entnahme/Ausschüttung aus Unternehmen

Wird eine Erbschaftsteuer festgesetzt, weil die Regelverschonung gewählt wird oder ein höherer Anteil des Unternehmensvermögens aus Verwaltungsvermögen besteht, so können überschüssige Finanzmittel oder nicht betriebsnotwendige Wertpapiere oder Immobilien ggf. liquidiert und **entnommen** bzw. **ausgeschüttet** werden.

Praxishinweis:

Entnahmen oder Ausschüttungen in Höhe des Verwaltungsvermögens bleiben gemäß R E 13a. 15 Abs. 1 Satz 7 ErbStG bei der Prüfung der Entnahmebegrenzung unberücksichtigt.

---

b) Privates Vermögen/Mitvererben Finanzmittel

Alternativ kommt eigenes **privates Vermögen** oder die **Mitvererbung** von liquiden (Bargeld) oder liquidierbaren Vermögenswerten (Immobilien, Wertpapiere) **neben** dem Unternehmensvermögen in Betracht.

c) Bankkredit

Reichen die vorhandenen liquiden Mittel nicht aus, um die Erbschaftsteuer zu begleichen oder können diese nicht schnell genug liquidiert werden, so kann ggf. ein Bankkredit aufgenommen werden, der aus dem zukünftigen Cashflow des Unternehmens bedient wird (Entnahmebegrenzungen sind zu beachten, vgl. VII.1.e.).

> **Praxishinweis:**
> Zinsen zur Begleichung eines Erbschaftsteuerkredites sind ertrag-
> steuerlich nicht abziehbar, deshalb kann es besser sein, vor dem
> Todesfall erforderliche Anschaffungen fremdzufinanzieren, da hier
> einerseits liquide Mittel und andererseits zinsabzugsfähige Darlehens-
> zinsen geschaffen werden.

d) Stundung begünstigtes Vermögen

Wird begünstigtes Vermögen (iSv § 13b Abs. 2 ErbStG) im Erbfall besteuert, **ist** die darauf entfallende Erbschaftsteuer ab **Antrag** bis zu
sieben Jahre zu **stunden**. Der erste Jahresbetrag ist ein Jahr nach der
Festsetzung der Steuer fällig und bis dahin **zinslos** zu stunden. Für die
weiteren Jahre sind **Stundungszinsen** gemäß §§ 234 und 238 AO zu
zahlen. Die Stundung endet, wenn gegen Lohnsummen- oder Behal-
tensregeln verstoßen wird. Die Stundungsmöglichkeit ist nur auf begünstigtes Vermögen begrenzt und kommt für Verwaltungsvermögen
insoweit nicht in Betracht.

e) Stundung unbillige Härte

Weiter kann nach § 222 AO im Falle **unbilliger Härte** eine Stundung
der Erbschaftsteuer **beantragt** werden. Eine unbillige Härte kommt
insbesondere dann in Betracht, wenn die Steuer nicht direkt aus dem
Erbe bezahlt werden kann und die Veräußerung illiquider Vermögensgegenstände erfordern würde. Die ernsthafte Bemühung einen Kredit
zu erhalten oder eigenes oder geerbtes Vermögen zur Begleichung der
Erbschaftsteuerzahllast einzusetzen, wird in der Regel vom Finanzamt
gefordert. Die Stundung seitens des Finanzamtes wird insoweit restrik-
tiv gehandhabt und setzt voraus, dass andere Möglichkeiten bereits aus-
geschöpft wurden.

Praxishinweis:

Um ein Gefühl für die zu erwartende Erbschaftsteuerzahllast zu bekommen, empfiehlt es sich, die Bewertung des Unternehmens und die Möglichkeiten der Inanspruchnahme von Steuervergünstigungen anhand der bekannten Istzahlen des Unternehmens mit Hilfe eines Steuerberaters zu simulieren. Sobald die Höhe der zu erwartenden Erbschaftsteuerlast bekannt ist, kann und sollte noch zu Lebzeiten eine Strategie entwickelt werden, wie eine etwaige Erbschaftsteuer durch Gestaltung bestenfalls vermieden oder finanziert werden kann.

Literaturverzeichnis

Fischer, Michael / Pahlke, Armin / Wachter, Thomas, Erbschaftsteuergesetz (ErbStG). Kommentar. Komplettes Praxiswissen zur Erbschaftsteuer und Schenkungsteuer mit Bewertungsrecht, 8. Auflage, Freiburg 2023 (Haufe).

Keim, Christopher / Lehmann, Daniel (Hrsg.), Beck'sches Formularbuch Erbrecht, 5., überarbeitete und erweiterte Auflage, München 2023 (C.H. Beck).

Müller / Sass, in: Keim, Christopher / Lehmann, Daniel (Hrsg.), Beck'sches Formularbuch Erbrecht, 5., überarbeitete und erweiterte Auflage, München 2023 (C.H. Beck).

Schmidt, Einkommensteuergesetz: EStG, 43. Auflage, München 2024 (C.H. Beck)

Autorenübersicht

RA/StB Dr. Andreas Wagenseil, Dipl.-Kfm.

Dr. Andreas Wagenseil ist Geschäftsführer und Gründungsgesellschafter der PULSAR Consulting GmbH Rechtsanwalts- & Steuerberatungsgesellschaft in München. Er berät mittelständische Familienunternehmen und Familienunternehmer in rechtlichen und steuerlichen Fragen, insbesondere in Zusammenhang mit Unternehmensübergaben und -verkäufen. Er ist zertifizierter Testamentsvollstrecker (AGT).

Seit 2007 ist er an der ADI (Akademie der Immobilienwirtschaft) als Dozent für das Fach Immobilienbesteuerung tätig.

StB Dr. Michael Tippelhofer, Dipl.-Kfm., MBR

Dr. Michael Tippelhofer ist Geschäftsführer der TP-Steuerberatungsgesellschaft mbH in Eching bei München. Er berät mittelständische Unternehmen und Familien insbesondere bei der steuerlichen Übertragung von Unternehmens- und Immobilienvermögen in Erbschafts- und Schenkungsteuerfällen. Schwerpunkt ist hierbei die steuerliche Gestaltung und Bewertung des zu übertragenden Vermögens.

Dr. Tippelhofer und Dr. Wagenseil kooperieren in der Nachfolgeberatung („www.ihre-nachfolgeberater.de") miteinander.

Stichwortverzeichnis

E

F

G